유순희 생각집

대한민국, 오늘도 안녕하십니까?

유순희
생각집

대한민국, 오늘도 안녕하십니까?

유순희 지음

mediazoom

프롤로그

새로운
도전의
길 위에서

대단한 인생을 산 것도 아니고 내세울 것도 없는 사람이 자기 이름으로 책을 낸다는 것은 부끄러운 일이다. 그래서 지금껏 나는 한 번도 내 이름으로 책을 내 본 적이 없다. 그동안 주변에서 지인들이 칼럼을 모아 책으로 내 보라는 권유도 많았지만, 그마저도 썩 내키지 않았다.

먼 훗날 스스로 느끼기에도 인생을 참 잘 살았다고 생각될 때, 그리고 비슷한 길을 걸어가고자 하는 후배들에게 도움이 될 만한 이야기를 해줄 수 있을 때, 언젠가는 인생을 돌아보며 쓸 날은 있겠지… 막연히 그렇게만 생각해 왔다.

한시도 일손을 놓고 살아본 적이 없는 나는 신문기자라는 본업 외에도 지난 25년여간 자서전, 기업의 사사 집필 작가로도 활동하며 남의 책을 숱하게 만들어 왔다. 그런데도 정작 나 자신을 위한 글을 쓴다는 것은 쉽지 않았다. 중이 제 머리 못 깎는다는 말도 있듯이 내가 꼭 그렇다.

아직도 나는 내 이름으로 책을 출간하는 일이 설익은 과일을 내다 파는 사람마냥 부끄럽고 조심스럽다. 한 가지 용기를 내어보는 변명거리가 있다면 많이들 궁금해하듯 "저 사람은 어떻게 재벌도 아닌데 신문사를 운영하지? 그것도 1~2년도 아니고 십수 년 동안…." 같은 질문에 답이 될지는 모르지만, 올곧게 한길 걸으며 부산 여성 언론의 역사를 개척해 온 과정을 말해줄 수 있을 것 같아서다.

도메인만 만들면 누구나 창간할 수 있는 그런 온라인 매체가 아니라 시스템을 갖춘 종이 신문을 꾸준히 발간한다는 것은 쉽게 도전할 수 있는 일은 아니기에, 누구도 선뜻 나서길 저어하는 길이다. 그럼에도 불구하고 용기 있게 도전해 온 나의 경험을 공유한다면 어느 누군가에게는 또 다른 도전이 되고 희망이 되지 않을까 하는 마음에서 용기를 내어봤다.

세상에 쉬운 일이 어디 있겠는가마는 일반 기자직에서 편집장으로, 그리고 대표이사 발행인으로 성장해 오는 동안 결코

대한민국, 오늘도 안녕하십니까

녹록한 과정은 아니었다. 힘들었다. 포기하고 싶을 때도 너무나 많았다. 식솔들을 챙기는 게 버거워 그냥 월급쟁이로 다시 돌아가고 싶은 생각이 굴뚝같을 정도로 신문사를 유지하는 일은 매월 매년 생명이 단축될 것만 같은 고뇌와 고통의 연속이었다. 새해 첫 달이 되면 또 한 해를 어떻게 버티고 살아갈 것인가 중압감이 가슴을 옥죄어 왔다.

그렇게 살아 오면서도 포기하지 않고 여성 매체를 발간하면서 값진 경험도 많이 했고 많은 것을 얻었다. 취재를 통해 알게 된 사람들은 소중한 나의 자산이다. 다양한 삶과 맞닥뜨리며 배운 것도 참 많다. 취재 과정에서 만난 어려운 사람들에게 필요한 도움의 손길을 연결해 주었을 때는 보람도 컸다. 무일푼으로 신문사를 창간할 때도 그동안 알아 온 사람들이 힘이 되어 줬다. '사람이 힘'이라는 걸 체득하며 살았다. 그만 손을 놓고 싶을 때 옆에서 용기를 주고 격려해 준 독자들과 지인들, 그들이 있었기에 지금까지 올 수 있었다.

첨단 디지털 시대다. 종이 신문 시대는 갔다고 모두가 이제 그만 온라인 뉴스매체로 전환하라고 권유하지만 단 한 명이라도 종이 신문을 원하는 구독자가 있다면 그들을 위해서라도 발간하는 게 나의 소임이라고 여겨 왔다. 구독 요금을 내는 사람들은 얼마 되지 않지만 그들을 위해서라도 약속을 지키는 사람이 되고

프롤로그

싶었다. 그저 신문을 받아보고 피드백을 주는 사람들이 고마웠다. 그래서 아직도 온라인 전용이냐 온·오프라인 겸용이냐 갈등하며 종이 신문을 면면히 이어오고 있다. 지면을 빌려「부산여성신문」이 존재할 수 있도록 도움을 준 광고주와 독자들께 다시 한 번 진심으로 감사를 드린다.

「부산여성신문」이라는 매체를 발간하면서, 그리고 지난 25년여간 부산 여성들과 함께 여성의 권익과 지위 향상을 위해 연대활동을 하면서 많은 보람을 느껴 왔다. 여성의 세력화를 위해 한목소리를 내고 사회적 이슈에 대응하며 여성정책의 변화를 이끌어 낸 여성들이 성장하고 발전해 가는 과정을 목도하면서, 나도 동반 성장해 왔다. 더 이상 여성이라는 이유로 차별받는 일이 없도록 불합리하고 불평등한 제도개선을 위한 일이나 여성의 정치참여 확대를 위한 일에 여성들과 함께 팔을 걷어붙이고는 했다. 그동안 여성들을 위해 그리고 지역사회 발전에 여성들이 동참하는 일이라면 주저 없이 연대했다. 성명서 제조공장 역할을 하다시피 하며 여성들이 나설 수 있는 기반을 만들면서 여성 발전을 견인해 왔다.

여성 리더를 길러내고 정책 결정 과정에 여성들이 많이 참여할 수 있도록 제도적 기반을 만들고 여론을 형성하는 것도 여성 언론의 역할이고 사명이기에, 때로는 NGO 기능에도 충실해 왔다. 신문을 발간하는 일 외에도 다양한 사업을 전개해 왔다. 여성이라는 이유로 차별받고 참여에 제한받는 사회의 유리천장을 허물기 위해 토론회, 세미나, 토크콘서트, 전시회, 걷기대회 등 '양성평등 실현'이라는 타이틀을 내세우고 다양한 사업을 추진했지만, 궁극적으로는 시민 구성원 누구나 행복한 평등사회 실현이 목적이었다. 한국여성의정 부산정치학교를 7년여간 이끌며 여성정치아카데미를 통해 여성 정치인을 양성하고, 도전 의욕을 심어준 일은 가장 의미 있고 보람 있는 일 중 하나였다.

여성계 활동에 기꺼이 동참하며 헌신적으로 기여해 온 활동의 바탕에는 기준이 되어온 나만의 원칙이 있었다. 사회활동을 하면서 종종 '동참할 것인가 말 것인가' 중요한 결정을 해야 할 때, 가치 판단의 기준이 되어온 원칙은 "정의로운가, 공공성이 있는가, 사회에 유익한가"였다. 한마디로 요약하자면 "공의로운 것인가"다.

이처럼 나는 명분을 따져 옳다고 판단되는 일이면 기꺼이 동참했다. 때로는 그러한 결정이 개인적인 손해로 이어질 때가 있고, 결코 좋은 결과만을 안겨다 주는 것은 아니지만 행동과 실천으로 인해 영향력과 효과를 조금이라도 견인했다면 다행이라는 생각으로 쉽지 않은 결정을 과감히 해왔다.

언론은 무엇보다 기본적으로 중립적이어야 하고 객관적이

고 합리적 시각을 견지해야 함은 당연하다. 그럼에도 불구하고 가끔 소신껏 행동할 때가 있다. 언론사 대표로서의 입장이 간혹 발목을 잡기도 하지만, 스스로 정해놓은 원칙에 위배되지 않는 한 흔쾌히 동참하고 이를 결정하고 나면 매우 적극적이고 주도적으로 임해 왔다.

이런 성향의 내게 8년 전에 만난 이순신은 더 큰 용기와 자극제가 되었다. 이순신처럼 살고 싶다는 각오를 다지게 된 계기는 '이순신 지도자과정'을 통해 진짜 이순신을 만나면서다. '공직 생활 30년 동안 사표가 되었다'는 김종대 전 헌법재판관께서 오직 나라와 백성들을 위한 봉사자의 길 위에서 평생을 살다 간 이순신이 어떠한 사람인지 직접 쓴 책을 교재로 강의하시는 프로그램에 참여하면서 진짜배기 이순신을 만난 것이다.

이순신의 위대한 업적보다 전 세계인이 존경하고 연구하는 이순신 리더십의 원천이 무엇인지, 그 리더십은 어떻게 발현되어 위대한 성공으로 이어졌는지, 이순신의 내면의 가치를 이론적으로 정립한 강의는 신선한 충격으로 다가왔다. 그를 통해 배우고 알게 된 '사랑, 정성, 정의, 자력'이라는 4대 정신은 지금도 나의 생활신조와 지침이 되고 있다.

때때로 사회 부정의와 공직자들의 지나친 권력 행사를 볼 때면 이순신 정신이 떠올랐다. 정쟁과 갈등이 난무한 국회와 뉴스에서 보도되는 온갖 불편한 사건들을 접할 때 그랬다. 모두가 이순신 정신을 배우고 실천하면 이 사회가 좀 달라지지 않을까 하는 바람을 간절히 가져보기도 했다.

우리나라가 6.25 전쟁의 폐허에서 짧은 기간 눈부신 성장을 이룬 배경에 큰 동력이 되어온 국민 운동이 새마을운동이었듯이, 공정과 상식이 무너진 이 사회가 다시 처음으로 돌아가 새로 시작하는 마음으로 이순신의 4대 정신을 국민 운동으로 실천한다면 나라가 좀 달라지지 않을까 하는 기대도 가져 보았다.

그리고 끓어오르는 정의감도 행동하지 않고는 변화를 이끌 수 없듯이 이제 뒤에서 목소리만 낼 게 아니라 제도권으로 들어가 직접 변화를 유도하는 것도 한 방편이라는 데 생각이 이르렀다. 이러한 변곡점에서 맞닥뜨리고 지켜본 지난 정권의 실정은 새로운 도전의 기폭제가 됐다.

나는 그동안 현장에서 많은 사람을 만나고 다양한 사례를 접하면서 이 사회를 구성하고 살아가는 사람들에게 필요한 것이 무엇인지, 어떤 정치를 해야 하고 어떤 정책들이 뒷받침되어야 하는지, 그리고 공직자들은 어떠한 자세를 갖추어야 하는지 절실히 느껴 왔다. 적어도 우리가 꿈꾸는 희망적인 세상을 위해 개인의 이익보다 공의에 초점을 두고 헌신할 각오는 되어있다고 믿는다.

새로운 도전은 늘 순조롭지만은 않았다. 그렇다고 주저해 본 적은 없다. 불가능은 없다는 신념, 스스로에 대한 믿음과 확신은 새로운 도전의 길 위에 선 내게 든든하고 강력한 힘이다.

이 책은 크게 세 파트로 구성했다. 내면의 세계와 정서를 미루어 짐작해 볼 수 있는 개인적인 단상과 그동안 취재를 하면서 만난 사람들의 이야기, 그리고 각종 사회문제와 관련한 문제의식과 방향 제시 등 평소 기자의 시각에서 느낀 데스크 단상들을 추려 엮었다. '대한민국, 오늘도 안녕하십니까?'라는 제목에는 궁극적으로 염원하는 나라의 안녕과 평화의 기원이 전제한다. 제한적인 지면에 생각을 다 담아내기에는 한계가 있었지만, 생각집에 일부 담아낸 글을 통해 현재의 시류와 사회실태를 미루어 짐작하고 함께 생각해 보는 기회가 되었으면 한다.

끝으로 나를 믿고 지지하며 힘이 되어준 분들과 셋째 딸이 잘되기를 바라며 하루도 빠짐없이 천지신명께 기도를 올리는 나의 어머니께 감사를 드리며 무병장수를 기원한다.

2023. 11.

목차

프롤로그 | 새로운 도전의 길 위에서 • 4
에필로그 • 305

Part 1
나를 있게 한, 뿌리의 힘

어머니 배 속에서 키운 외유내강의 정신 • 20
감수성을 키워준 어린 시절의 독서 • 23
깊은 인상을 남긴 첫 나들이 • 27
촌스러워도 내 이름이 좋다 • 30
정경의숙 벤치마킹한 학교 기숙 • 33
꿈에도 그리운 내 고향 • 36
여장부, 나의 어머니 • 39
어머니의 간절한 기도 • 47
영국 신사 카멜레온 아버지 • 52
뿌리를 찾다 • 55
자랑스러운 청족가문 • 58

Part 2
세상의 창, 그들을 만나다

언론인의 길을 걷다 • 70
입사 석 달 만에 편집장 승진 • 75
부산여성뉴스의 탄생 • 79
우여곡절 끝에 얻은 임대 사무실 • 83
새 출발 새로운 도전의 안식처 '동구' • 86
박차정여성운동가상 제정 • 90
양성평등문화 정착을 위한 노력 • 94
한국여성의정의 역사 한 편에서 • 100
결혼은 미친 짓이다? • 105
일하는 엄마의 비애 • 111
나는 나쁜 엄마였다 • 116
사랑의 바자와 이희호 여사 • 120
쪽빛 바다를 품고 사는 남부민동 8남매 가족 • 126
대한이와 민국, 그리고 공개 입양 • 133
파란 눈의 레오 디메이와 '전쟁의 파문' • 138
비밀의 집을 만든 여자 • 143
폭력 피해자? 아니, 생존자예요! • 147
진정한 '배움'과 '도리' • 152
진짜 이순신을 만나다 • 155

Part 3
데스크 단상, 칼보다 펜

여성을 생각하다

여가부 폐지, 최선인가 • 166
여성, 그 원죄 • 172
여성이 안전한 사회를 • 176
입법전쟁 속 여성 국회의원들의 역할 • 180
참신한 여성 신인들에게 거는 희망정치 • 183
여성들 뿔나게 한 조국일가 사건 • 186
성 쿼터제 도입과 여성 정치 현실화 • 191
2030부산엑스포와 여성 • 196
자치경찰제의 성주류화 아직도 먼 길 • 201

공정한 세상을 꿈꾸다

나는 왜 윤 대통령을 지지했나 • 208
유엔기념공원을 참배한 역대 대통령들 • 213
현역만 유리한 선거법, 정치개혁 의지 있나 • 216
불공정의 시작, 국회 • 221
또다시 속국으로 전락하는가 • 226
역사문제에 관한 국가 통치자의 자세 • 229
피해자 두 번 울리는 정의 없는 정의기억연대 • 233
'정의구현사제단'과 '정의' • 238
유행병이 되고 있는 성추행 범죄 • 241
탄핵중독 • 244

정성스러우면 통한다

정성이 부족했던 '새만금 잼버리' • 252
이태원 참사에서 새겨야 할 교훈 • 255
후쿠시마 핵오염 처리수 해양 방류 논란 • 259
학생인권조례와 아동복지법 • 265
부산, 이순신의 혼 되살리다 • 270
부산시민의 날과 부산대첩 • 274
고독사, 현장 중심 대책이 필요하다 • 278
버스전용도로제와 도로다이어트 • 283
금정산국립공원 꿈을 현실로! • 287
아열대로 진입하고 있는 대한민국 • 291
교육이 뭐길래 • 294
과소비하면 쫓겨나는 오픈채팅 거지방 • 297
세모(歲暮) 단상 • 301

Part 1

> 정월 대보름 성주신께 '소지'를 올릴 때 자식들 이름 하나하나 부르며 간절히 소원을 빌던 엄마, 뒷방에 정화수를 떠 놓고 밤낮으로 기도를 올리던 엄마, 뭔가 일이 안 풀릴 때, 집안에 우환이 있을 때에도 엄마는 뒤곁 장독대에 정화수를 떠 놓고 기도를 올렸다.

나를 있게 한, 뿌리의 힘

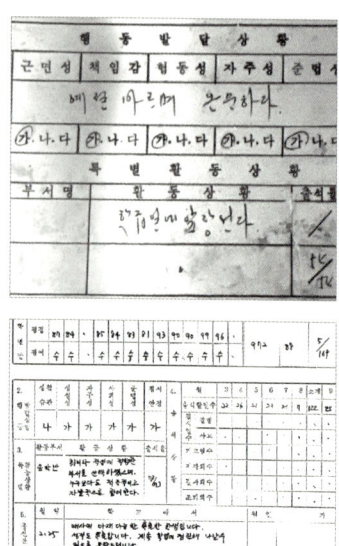
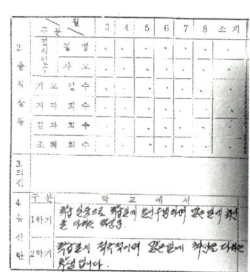

성장기의 학교통신문에는 솔선수범, 적극성, 예의바름,
다재다능이라는 글귀가 자주 등장한다.
나도 잊고 있던 어릴 때의 나에 대한 공적 기록이다.

1 대회마다 최우수상을 받았던 교내 영어암송대회
2-4 적극적이고 성실한 모습이 담겨 있는 중고등학교 시절 성적표

1 정경의숙을 벤치마킹한 학교 기숙사에서 함께 생활했던 성적우수 학생들
2 중학교 1학년, 친구들과 교정에서

1 여의도 소재 대종회 회관을 방문했을 때 유낙준 제66대 대종회 회장님과
2 기계유씨 시조묘가 있는 포항 기계면 소재 부운재에서
3 기계유씨 부산 종친 회원들과

옛날 어르신 치고는 키도 크고 인물이 좋아
중절모에 선글라스 담배 파이프를 물면
여지없이 백화점 명품잡지 광고모델로 나오는
중년 외국인 남자 모델 필이 난다.
그런 아버지의 별명은 자식들이 붙여준
영국 신사, 카멜레온이다.

멋쟁이 아버지와 여장부 어머니

어머니 배 속에서 키운
외유내강의 정신

"태어난 시는 어떻게 되나요?"

어르신들께 여쭤 보면 한결같이 하시는 말씀이 "음~ 아를 낳고 나니 그제야 해가 떠올랐다지 아마.", "새벽 닭이 울 때쯤인가 그랬지.", "겨울날 아침 차려 먹고 얼마 안 됐으니 오전 여덟 아홉시는 됐겠지.", "저녁에 제사음식을 차리다가 산기가 와서 낳았다던가.", "새벽에 짚신 몇 켤레를 삼고 낳았다니 대충 어림잡아…."

이런 식이다. 예전엔 누구나 농사일로 바쁜 데다 자식을 여럿 낳고 살던 때니 출산 때마다 시간을 꼼꼼히 기록하고 기억하기란 쉽지 않았을 테다. 그래서 대충 어림잡아 출산 당시의 부모님이나 가족들의 기억을 도움받아 출생 시간을 가늠하기도 한다. 그나마 행여 자식의 사주 정도는 제대로 알아야겠다는 생각에서 예닐곱 넘게 낳아 키우면서 출생 시간을 제대로 기억하는 부모들도 종종 있다.

요즘이야 병원에서 출산을 하는 시대인지라 간호사가 꼼

꼼하게 기록해 놓은 출생일지에 시, 분, 초 하나 틀리지 않고 정확하게 기록하고 있으니 참으로 대조되는 일이다.

다행히 나는 우리 집에서 6남매 중 거의 막내에 가까운 다섯 번째라 어머니의 기억이 생생한 축에 든다. 나는 1968년 음력 8월 16일 추석 뒷날 새벽에 태어났다. 밤부터 시작된 어머니의 진통은 인시(寅時)가 되어서야 멎었다. 2남 4녀 6남매 중 다섯 번째. 그러나 어머니로서는 시집와 첫 아이를 낳고 1년을 채 못 넘기고 잃었으니 정확히 말하자면 여섯 번째 몸을 푼 셈이다. 어머니로서는 이제 정말 마지막이라는 절박한 심정으로 탯줄을 끊고 세상 밖으로 내놓은 사람이 바로 나다.

솔직히 어머니 당신은 불안감이 없잖으셨다. 계획에 없던 임신을 했던지라 아이를 지우기 위해 별별 짓을 다 했다고 한다. 집 뒤켵 장독대에 올라가 뛰어내려도 보고, 언덕에서 굴러도 보았으며, 의도치는 않았지만 선반 위 물건을 내리다가 넘어진 배 위로 물건이 떨어져 충격도 받았기에 아이가 멀쩡할까는 산모도 장담할 수 없는 처지였다. 그러나 용케도 목숨 줄을 놓지 않았던 아이는 열 달을 버텨 옹골차게 울음을 토해내며 존재감을 알렸다. 그렇게 나는 세상을 구경했다.

피임법에 대한 지식이 일천했던 옛 시절, 어머니들의 셀프 유산법이란 것은 구르고, 높은 데서 뛰어내리고, 심지어 먹어서는 안 되는 음식물까지 퍼마시기도 하는 미개한 대처가 고작이었다. 어머니가 살인 시도에 가까운 셀프 유산 시도를 할 수밖에 없었던 데도 이유가 있다. 큰집 조카 둘을 거두어 출가시키고 완고한 홀시아버지의 시집살이에 더해 고된 농사일 거들기까지, 몸도 힘들었지만 그야말로 먹고살기 바빠 위로 넷만 낳고 단산을 할 심산이었다.

하지만 인명은 재천이라 했던가. 모진 고문에도 나는 어머니의 깊은 강에서 천연덕스럽게 웅크리고 잠만 잔 것인지, 살아서 세상 구경을 하고 지금껏 잘 살고 있다. 덕분에 태생적으로 긍정적인 나는 웬만한 외압과 시련에도 덤덤하고 무감각한 성정을 지녔다. 아무리 힘든 일이 있어도 꿋꿋하게 스스로 헤쳐 나가는 나도 모를 강인함이 있다. 누군가 궁싯거려도 내가 아니면 그만이다. 그냥 피식 웃음으로 여유 있게 응대할 수 있는 내공은 스스로의 떳떳함에서 나오고, 이러한 유연한 대처는 당당하기 때문에 가능한 일이다.

외유내강. '외유'는 스스로 평할 일이 아니라 모르겠으나 '내강'은 자인한다. 태내에서부터 길러진 인고의 정신 덕분에 남모르는 강인함이 깊이 자리한다. 요즘 같은 시대에 얼마나 다행스러운 일인가.

감수성을 키워준
어린 시절의 독서

요즘 아이들은 배 속에서부터 부모들이 읽어주는 동화나 멋진 목소리의 성우들이 녹음한 태교 동화를 듣고 태어나, 걷기도 전부터 책을 갖고 놀 정도로 친숙한 독서환경에서 자라고 있다. 그러나 내가 어릴 적만 해도 시골에서는 학교 도서실 외에는 다양한 책들을 접할 기회가 별로 없었다. 특히 유아기에는 언감생심 꿈도 꿀 수 없었던 시절이었다.

그저 언니 오빠들의 학교 교과서가 눈에 띄는 책의 전부였고, 그나마 알록달록한 음악책이 흥미로워 서너 살부터 언니 오빠들의 음악책을 마치 동화책인 양 갖고 놀았다. 글자는 몰라도 페이지만 봐도 노래를 처음부터 끝까지 다 부를 정도여서, 언니 오빠들에게 귀여움을 받았던 기억이 있다. 큰오빠는 가끔 책을 펴놓고 무슨 노래인지 불러 보라며 시키는 걸 좋아했었다.

이렇게 책과 친숙함을 쌓은 건 손위 형제들 덕분이었을까.

나는 수업을 마치고 교실 한 개 크기의 작은 도서실을 종종 들렀다가 집으로 돌아오곤 했다. 초등학교 1~2학년생 코흘리개가 도서실을 들렀다가 올 생각을 어떻게 했는지 모르겠으나, 수업을 마치면 상급생들이 청소하는 틈새 도서실에 쭈그리고 앉아 먼지가 폴폴 나는 공간에서 이것저것 책들을 골라 읽었다.

그러다 초등 3학년이 되면서 책을 빌려 갈 수도 있다는 걸 알게 됐다. 그때부터는 미처 다 못 읽은 책들을 대여해서 읽기도 했다. 그때 읽은 책 중에 기억에 남는 책이 있다. 김일성 관련 내용이 담긴 『개마고원』으로, 철이 들어 생각해 보니 소위 '빨간책'(출판금지 도서)이었던 그 책이 왜 학교 도서실에 있었는지 모를 일이다. 아무튼 책장 맨 밑 오래된 책들 틈에 꽂혀있던 그 책에 만화도 그려져 있어, 저학년인 내 눈에 띄었던 것 같다. 호기심에 읽게 된 이 책은 눈이 펄펄 내리는 개마고원을 걸어가는 소년 김일성을 미화한 책이었는데, 아직도 눈에 선하다.

그렇게 학교 도서실에서 책을 틈틈이 접했던 나는 초등학교 5학년, 이른 사춘기가 시작되면서 밖에서 뛰어놀기보다 집에서 조용히 책 읽는 걸 더 좋아했다. 눈높이에 맞는 책이 없어 주로 언니 오빠들이 보다가 꽂아 둔 책을 읽었다. 초등학생이 읽기에는 수준에 맞지 않는 책들이 많았다.

4단 높이의 책꽂이에는 해외 명작부터 연애소설, 시집, 수

필집, 월간 책자까지 다양하게 꽂혀 있었다. 〈제인에어〉, 〈부활〉, 〈대지〉, 〈누구를 위하여 종은 울리나〉, 〈어린왕자〉 등 해외 베스트셀러와 각종 단편소설, 장편소설에 이르기까지 깨알 같은 세로쓰기 책들을 읽고 또 읽고 닥치는 대로 읽었다. 뜻을 모르는 단어들은 사전을 찾아가며 열독했던 기억이 있다.

당시의 연애소설은 짜릿했고 흥미로웠다. 초등학교 5~6학년의 정신연령에는 맞지 않았지만 읽다 보니 점점 이해되었고 나도 모르게 어른이 된 느낌이었다. 단편소설에서 만나는 다양한 상상 속 주인공들의 삶과 사랑이 눈물겹고 아련했다. 섬세하게 묘사해 놓은 깨알 같은 글 속에서 영화 같은 장면들을 떠올리기도 하고, 주인공의 모습을 그려보며 무한한 상상의 나래를 폈다. 책 한 권을 다 읽을 때마다 마치 살아있는 사람들과 헤어지는 것 같은 허전함이 몰려왔다. 결론 없는 엔딩 부분은 더욱 허탈해 중학생이 되면서부터는 줄 노트에 아예 내 맘대로 소설을 써 내려가는 습작을 하기도 했다.

그런 덕분일까. 잡식성 독서가 문학성을 키워준 것인지 초중등학교 시절엔 독서감상문 대회에 종종 나가 상도 많이 받았다. 이런 자발적 독서 취미는 우리나라 입시제도 환경 탓에 고등학교 시절에는 잠시 멀리하게 되었다. 그러나 입시 공부를 하던 그때를 제외하면 지금껏 책을 내 삶 속에서 멀리해 본 적은 없는 것 같다.

30여 년 기자로 살아오면서도 늘 책을 옆에 끼고 살았고, 머리맡에는 항상 책이 놓여있다. 차 안에도, 책상에도, 나의 행동반경에서 책은 늘 떠나지 않는다. 25년여 부업의 수단으로 기업사사나 자서전 대필작가로 밤새워 글을 쓰며 살기도 했으니, 책은 내 인생에서 떼려야 뗄 수 없는 소중한 보물 중 하나라고 볼 수 있다.

중고등학교 시절 친구들과 주고받은 쪽지글은 문학적 감수성의 절정이었다. 하굣길 친구에게 쪽지를 건네고 다음 날 아침 등교를 해서 답장 글을 받고 다시 글을 쓰고 받기를 반복했던, 지금 생각해도 한없이 순수했던 시절, 사시사철 아름다운 자연의 변화를 감정이입으로 승화시키고 저마다의 고민을 마치 시를 쓰듯 아름다운 언어로 주고받던 시절이 있었다. 늦은 밤 자율학습 시간을 마치고 어두운 밤길을 걸어오다가 문득 바라본 하늘에 달무리가 크게 번져있을 때 그 모습을 잊지 않으려 일기장 가득 글을 남겼던 시절, 나만의 생각 주머니는 그때부터 무르익었으리라.

깊은 인상을 남긴
첫 나들이

　네댓 살이나 되었을까. 아주 어렸었다는 기억만 난다. 그때 나는 처음으로 세상 구경을 했다. 우리 마을을 벗어나 다른 지역으로 처음 여행했던 날, 그때 본 세상의 신기한 풍광들이 인상 깊게 남아 지금도 잊을 수 없다.

　어머니의 친정, 그러니까 외가 쪽 집안 행사 때문에 부모님을 따라나섰던 날, 지금 생각해 보니 2박 3일의 일정이었던 것 같다. 어머니의 친정은 강원도 영월군 김삿갓면 하동인데, 버스를 타고 갔는지 기차를 타고 갔는지 정확히 기억은 안 나지만 중간에 택시를 탔던 것 같다. 어느 지역이었는지 모르지만 골목길 사이로 멀리 푸른 바다가 펼쳐져 있었고 판자로 엮은 지붕들이 인상적인 바닷가 마을의 가게에서 아버지가 칫솔을 사셨던 것 같다.

　지금이야 고속도로가 뚫려서 사방으로 길이 열려 있지만, 50여 년 전 대중교통이 원활할 리 없었고 보면 둘러둘러 목적지에 이르렀나 보다. 어른이 되어 다시금 가보니 쭉쭉 뻗은 도로를 내달려 산 하나만 넘으면 바로 강원도인 것을, 그땐 어린 기억에도 사정없이 멀었다.

    태어나 처음으로 파란색의 바다를 보았다. 물색이 신비했고 마을 뒤 끝과 연결되어 마치 바다와 마을이 이어진 듯했다. 왜 저 푸른 물은 막아 놓은 것도 아닌데 흘러 넘치지 않는지, 왜 마을 끝자락에서 멈추어 있기만 한 것인지, 눈을 뗄 수 없을 정도로 마냥 신기했다.

    구멍가게의 잡다한 물품들보다 파란 바닷빛에 매료되어 머릿속은 한껏 상상의 나래를 폈다. 호기심으로 가득 찬 나의 머릿속 궁금증을 물어보는 사람은 없었다. 부모님 중 누구라도 '저게 바다야'라고 말을 해 줬더라면 그 신비함이 지금껏 남아 있었을까. 그저 마을 밖 세상은 신기함으로 넘친다는 것을 알게 해 준 소중한 경험이었다. 아마도 울진이나 영덕 어딘가를 거쳐 갔나 보다. 지금이야 도로가 뚫려 춘양면을 거쳐 백두대간의 맥이 이어지는 산길을 가로지르면 금세 강원도다. 지금을 기준으로 하면 그 푸른 바다와 도저히 줄긋기 안 되는 행로다. 어쩌면 드넓은 강을 바다로 오인했는지 모를 일이나, 기억 속 물빛은 파랬고 하늘처럼 넓었다.

    어릴 적 많은 것을 보게 하고 많은 경험을 하게 해야 한다는 말은 헛말이 아니고 커서 생각해 보니 일리가 있었다. 그래서 나 역시 워킹맘으로 바쁘게 살아 오면서도 아이들 어릴 적에는 여행을 참 많이 다녔던 것 같다. 비록 차도 없고 넉넉하지 않았어도 업고 둘러매고 계곡이며 바다며 마음껏 다녔다.

내가 그랬듯이 우리의 아이들도 그랬을까. 신록이 우거진 계곡 얕은 물에 발을 담그고 나무 그늘 사이로 새어 들어오는 햇빛을 받아 반짝이는 물결을 걷어내고 돌멩이를 주울 때 무슨 생각을 했을까.

외가집은 야트막한 동산 아래 큰 기와집이었다. 화장실도 기와로 덮혀 원두막 같이 높이 솟아 한 칸의 집 같았다. 초겨울 외가로 가는 마을 초입은 길 양쪽으로 가을걷이를 끝내고 밑둥만 남아있는 배추와 서리에 풀죽은 배추 이파리들로 희끗희끗했다.

밭고랑 사잇길을 지나 좁은 둑길을 한참 걸어 들어갔다. 잔칫날이었는지 사람들로 북적거렸다. 겨우 네댓 살 나이에 본 모습들이지만 지금도 뇌리에 또렷한 시골 풍경들은 그림을 그릴 수 있을 정도로 생생하다.

촌스러워도
내 이름이 좋다

어릴 적 나는 순했다. 셋째 딸은 시집갈 때 얼굴도 안 보고 데려간다는 말을 종종 듣고 컸다. 스스로는 인정하지 않지만, 어릴 적에는 친척들에게서 이쁘다는 말을 많이 들었다. 어머니에 의하면 눕혀놓고 밭일을 다녀와도 자지러지게 울어대는 법이 없었고, 업고 다니면 아이가 순해서 동네 사람들이 한결같이 하는 소리가 "고놈 참 순하고 이쁘네"였다고 한다.

그러나 동네 사람들이 입버릇처럼 불러댄 별칭이 내 이름이 될 줄이야. 그래서 부르는 대로 이름이 된 내 이름 '순희'는 한없이 순박하고 촌스러워서 유년 시절 나를 가장 창피하고 부끄럽게 만들어, 부르는 소리조차 듣기 싫었다.

나는 오곡백과가 무르익는 풍성한 가을에 태어났다. 추석 준비로도 바빴겠지만 한창 추수시즌이라 어른들도 정신이 없을 무렵이다. 그래서일까. 언젠가 호적 출생신고서를 보니 너무 늦게 등록되어 있었다. 농사일로 바쁜 부모님과 할아버지께서 차

일피일 미루다 잊으신 듯했다. 그렇게 무사히 삼칠일도 지나고 백일도 지났건만, 태어나 수년이 지나도록 나는 호적에 없는 존재였다.

아버지와 할아버지 두 분 모두 각자 당신들이 출생신고를 한줄 알고 그냥 잊고 사셨는지 모르겠다. 초등학교 입학통지서가 날아올 무렵에야 마을 반장이시던 아버지가 당신 딸의 취학통지서가 없는 걸 아시고 부랴부랴 출생신고를 하신 듯하다.

당시만 해도 대가족 환경에서 살았기에 집안의 가장 큰 어른이신 조부께서 아이들의 이름 짓는 일과 자손들의 출생신고에 이르기까지 모두 도맡아 처리하셨다. 어쨌든 이러한 과정에서 허겁지겁 호적에 올라 이름도 대충, 동네 사람들이 부르던 대로 등록이 됐고 나이도 한 살 줄었다.

하긴, 귀하게 얻은 외동딸도 아니고 딸 여럿 중에 한 사람에 불과한 '그냥 딸'을 신경 쓸 게 뭐 있을까마는 사주역학에 맞게 따져보고 공을 들여 지은 이름이 아닌 건 분명하다. 태어나 업혀 다닐 때부터 동네 사람들에게 불리던 그대로 이름이 된 '순희'는 작명에 대한 고민의 여지가 1도 없는 이름이었다.

지금이야 쉽게 기억되고 부르기 쉬운 이름이라 좋다는 생각도 하지만, 어릴 때는 그렇게 싫을 수가 없었다. 초등학교 입학해서 처음 배우는 국어 교과서에도 등장하는 이름이 '순희', '영희', '철수'였기에 아이들도 쉬는 시간마다 공공연히 놀려대는 바람에 더더욱 싫었다. 하다못해 고무줄놀이나 아이들이 뛰어놀면서 부르는 노래 가사에도 순희라는 이름이 종종 등장해 어릴 적 이름에 대한 경기가 심했었다. 그래서 집에서 지어준 이름이 '혜민(慧敏)'이었지만 왠지 남의 옷을 입은 듯 어색하고 오히려 세련된 이름이 부끄러워 사용하기를 꺼렸다. 어릴 적부터 나도 모르는 고지식한 면이 있었나 보다.

언젠가부터 우리 사회에서 개명은 손쉬운 일이 되었다. 법원에 가서 개명 이유서를 작성하고 간단한 서류와 함께 제출하면 가정법원에서 최종 판결한다. 특별한 문제가 없는 한, 타당하다고 인정되면 다 바꾸어 주는 시대다. 개인의 행복추구권에 의해 개명 절차도 훨씬 간소화된 것이다.

놀림을 받아서, 사주팔자상 이름이 안 좋다고 해서 등등 웬만하면 원하는 좋은 이름으로 개명이 가능한 시대이다. 그럼에도 불구하고 나는 어릴 적 촌스럽다고 그토록 싫어했던 이름을 여태 갈아치우지 못하고 산다. 아니, 이제는 정겨워서 못 버린다. 오히려 이쁜 이름이 부끄러울 것 같다. 이름을 바꾸면 내가 아닌 것 같고 개인 정체성마저 잃어버리는 것 같아 바꿀 수도 없다. 그냥 촌스러워도 나는 영원한 순희로 살고 싶다.

정경의숙 벤치마킹한
학교 기숙

　　시골 아이들은 고등학생이 되면서부터 대부분 뿔뿔이 흩어진다. 인근 중소도시로 유학을 하거나, 도시로 나가 일찌감치 자리 잡은 손위 형제들이 있으면 아예 서울이나 부산으로 멀리 떠나 공부하게 되기 때문이다. 면 소재지에 고등학교가 없을 때만 해도 그랬다.

　　지금처럼 학생 수가 적지 않고 한 반에 족히 50여 명은 되었던 시절, 면 소재지 학생들은 고등학교 진학을 위해 더 큰 타 시도로 나가야 했다. 다행히 우리 지역엔 당시 고등학교가 신설된 지 얼마 되지 않아, 친구들 대부분은 고스란히 상급학교로 함께 진학했다. 자녀가 타 지역에 나가 자취나 하숙을 할 경우 부담이 가중될 학부모들의 입장을 고려해 1980년대 초반 우리 동네(소천면 소재지)에도 고등학교가 설립되었기 때문이다. 덕분에 도회지로 떠난 몇몇 아이들을 제외하고 동창생 대부분이 지역 내 설립된 학교에서 학업을 계속 이어갈 수 있었다.

새로 설립한 지 얼마 안 된 모교는 설립 초반 인근 중소도시에 우수한 학생들을 뺏기지 않기 위해 입학 성적이 우수한 학생을 선발, 입학 장학금을 수여하는 제도가 있었다. 이 때문만은 아니지만 자취생활은 꿈도 꿔보지 않았기에 지역 내 학교에 입학하는 게 당연한 줄 알았던 나는 고등학교 입학시험에서 우수한 성적을 내어 성적우수 장학금을 받고 입학했다. 당시 입학성적 우수 장학생은 두 명이었는데 나를 비롯해 서울교대를 나와 선생이 된 남자 동창생이었다.

고교 설립 초기 모교는 의욕이 대단했다. 훌륭한 인재를 양성하고자 성적 우수 학생들을 선발, 학교 사택같은 곳에서 기숙하며 대입시를 준비할 수 있도록 스파르타식 특별 입시반을 운영했다. 입시를 앞둔 3학년 때에는 집이 지척에 있어도 주말에나 어쩌다 한 번 집에 겨우 갈 수 있도록 엄하게 관리했다.
이렇게 차출된 학생은 전교에서 상위권 10여 명 정도였고, 여학생이 세 명, 남학생이 7~8명이었던 것 같다. 남녀공학이었기에 기숙사를 별도로 마련했다. 학교 방침에 따라 특별반에 입소한 나는 고교 시절 아주 특별한 기숙사 생활을 경험했다.

그때는 몰랐지만, 이제 와 생각해 보니 1979년 일본의 기업인 마츠시타 고노스케가 정치인 등 인재를 양성하기 위해 설립한 '정경의숙'을 벤치마킹한 게 아닐까 싶다. 정경의숙 설립

5~6년 후 경상북도 봉화군 시골의 자그마한 고등학교에서 비슷한 시스템의 학숙을 운영했다는 게 참으로 의외였고, 독특한 발상을 한 듯하다. 당시 교장선생님의 존함은 기억나지는 않지만 훌륭한 분이셨던 것은 분명하다.

당시엔 학교에 붙들려서 휴일도 없이 지내는 게 불편했을 뿐, 학교 경영자들의 마인드와 계획 따위엔 관심도 없었다. 이런 좋은 프로그램에 대해 고마워할 줄도 몰랐다. 학생 숙식에 들어가는 예산을 어떻게 조달했는지는 모르겠지만 해당 학생 가정에서 일정 금액 월 숙식 부담금을 내도록 했던 것 같기도 하다. 오로지 학업에만 전념할 수 있는 환경을 만들어 주기 위해 학교 측에서 많은 노력을 기울였다는 것과 입시 대비반으로 특별 관리되고 있었다는 것 외에는 기억이 가물가물하다. 시대를 앞서간 당시의 훌륭하신 선생님들께 늦었지만 감사함을 전하고 싶다.

그때 함께 숙식하며 공부하던 친구들은 모두 훌륭한 사람들로 성장해 사회에서 직장에서 인정받으며 잘 살아가고 있다. 학교 교사가 된 친구, 제1금융권 금융기관에서 일찌감치 승진해 자리 잡은 친구, 사업을 하는 친구, 공기업에 다니고 있는 친구, 글로벌 기업 임원으로 해외 지사 임원을 하고 있는 친구 등 동고동락하던 친구들은 모두 각자의 영역에서 최선을 다하며 열심히 살아가고 있다.

꿈에도 그리운
내 고향

수구초심이라더니 사람이 나이가 들면 고향이 그리운 법인가. 겨우 오십 중반의 나인데도 나는 고향이 그리울 때가 많다. 가끔 꾸는 꿈속 배경은 고향 산천일 때가 많다. 내 마음 깊은 곳에 늘 고향이 자리 잡고 있었음을 꿈이 그리움을 투영한다. 집 앞을 유유히 흐르는 강이 범람해 넘친다거나, 때로는 맑은 강 속 쉬리 떼가 물길을 거슬러 돌 사이를 빠르게 헤엄치는 모습이라든가, 강 건너 먼 산 위로 흰 학들이 날아오르는 모습이라든가, 주로 고향의 산하를 배경으로 비슷한 꿈을 반복적으로 꾸곤 한다. 삶이 팍팍하고 여유가 없을 때, 고단하고 힘들 때마다 언뜻언뜻 꿈속에 펼쳐지는 평화로운 고향의 전원은 다시 나를 평온의 세계로 인도하곤 한다.

내 고향은 경북 북부지역에 자리한 봉화군 소천면 소재지다. 강원도 태백과 울진으로 갈라지는 요충지로, 나지막한 마을이 600고지 높은 산봉우리에 둘러싸여 둥지를 튼 평화로운 곳이다.

철이 들기 전에는 고향이 어디냐고 물으면 부끄러워서 말하기를 꺼렸다. 언젠가 도시 사람들에게 고향을 말하니 그곳이 어디냐고 되묻는 사람이 많았다. 간혹 어쩌다 아는 이를 만나도 "예전에 한번 가 봤는데, 와~ 엄청 멀고 첩첩산중 시골이던데… 출세했네!"라며 촌사람이라고 놀리는 경우가 많았기 때문이다.

요즘이야 고속도로가 시원하게 뚫려 일을 보고 하루 만에 다녀올 수 있는 거리지만 예전엔 굽이굽이 길도 험해 엄두가 나지 않았던 때가 있었다. 그런 시대를 경험한 사람들에게는 너무도 먼 산촌으로 기억될 만도 하니 당연하다.

도시와 시골의 차이는 자연환경과 인위적 환경 중 어느 쪽이 더 많은지 일 뿐, 문화적 인프라가 충분히 갖춰지지 않은 걸 제외하면 시골이 도시보다 훨씬 사람을 풍요롭게 하는 곳임을 철이 들고서야 절감했다. 그래서 요즘은 시골에서 태어나고 자란 것을 자랑스럽게 생각한다. 도시인이 경험하지 못한 세상을 더 보고 더 느끼고 자랐기에 돈으로 주고 살 수 없는 나의 값진 경험을 소중하게 생각한다.

사시사철 변화무쌍한 농촌의 모습과 자연이 가르쳐주는 이치와 섭리, 풍족하지 못한 환경에서도 여유롭게 서로 도와가며 살아가는 따뜻한 이웃공동체의 모습에서 도리와 인정을 배웠다. 성인이 되어 남을 이해하고 배려할 줄 아는 마음도 어쩌면 이러한 시골의 환경이 키워준 인성이 아닌가 생각한다.

"기자 같지 않다.", "사람이 좋아서….", "마음이 약해서 어디다 써먹노." 살면서 종종 들어온 말이다. 시골의 DNA 탓인지 사람들은 나를 예의 순박하게 본다. 사람이라면 누구나 감정이 있게 마련이고 못된 속도 있다. 다만 시골 출신 사람들은 체면을 차리고 상대가 나를 어떻게 평가할지를 지레 염려하여 싫은 소리 듣지 않기 위해 나쁜 생각, 나쁜 감정을 되도록 갖지 않기 위해 노력할 뿐이다. 나 역시 그렇다. 상대방이 상처받을까 말을 조심하게 되고, 가급적 싫은 소리를 잘 안 하려고 한다. 남이 나를 어떻게 평가할까를 먼저 생각하기에 진정성을 갖고 사람을 대하고자 노력한다. 뻔뻔하다는 말을 두려워하기에 예의를 지키려 애쓴다. 그러한 작은 노력과 인간에 대한 예의가 사람 좋아 보이게 하는 역할을 하는지 모른다.

그러나 심성 여리고 약하기만 하다고 생각하면 오해다. 때로는 강하고 큰일 앞에 의연하게 대처하는 기질도 있다. 불의와 부당한 일에는 두려움이 없다. 목에 칼이 들어와도 맞서는 호기로움도 있다. 누가 봐도 옳다고 믿는 일이나, 공의로운 일에는 과감하고 용감하다. 나도 모를 강인함이 내재된 나를 남이 어떻게 알까마는 그래도 살면서 듣고 싶은 말은 '참 괜찮은 사람'이라는 말이다. 적어도 그런 사람이 되려고 지금도 노력하고 있다.

여장부,
나의 어머니

　　어머니는 강원도 영월 분이시다. 강원도 영월군 김삿갓면 예밀리, 포도농원이 많기로 유명한 동네다. 어릴 적 부모님 손잡고 찾아뵈었을 때만 해도 배추밭에 고랭지 채소들이 즐비했는데, 언젠가부터 포도농사로 유명한 동네가 됐다. 포도 체험 농가들이 성행하고 포도농사로 성공한 부농들이 많아지면서 강원도 영월에서는 제법 알려졌다.

　　강원도 영월군과 경북 봉화군은 내리고개를 사이에 두고 호랑이 등줄기 같은 계곡이 병풍처럼 둘러쳐진 백두대간을 끼고 흐르는 내(川)를 사이에 두고 도로가 이어져 양 도시를 연결한다.
　　그곳 영월에서 어머니는 재 하나를 너머 봉화로 시집왔다. 당시에는 참으로 머나먼 신혼길이었는지 모르지만 요즘에야 잘 닦인 도로를 따라 40여 분이면 오갈 수 있으니 그다지 먼 곳도 아니었다. 자동차로 지척에 있는 친정을 결혼 이후 몇 번 오가지도 못했던 세월을 뒤로하고 집도 형제들도 다 떠나고 없는 어머니 친정 동네를, 지난해 여름 삼복더위에 언니와 함께 어머니를 대동하고 찾았다.

조선시대에는 임금에게 진상(進上)했다던 춘양목으로, 요즈음은 백두산호랑이와 종자박물관이 소재한 백두대간으로 유명한 춘양면에서 서벽으로 향하던 길이었다. 오리백숙으로 유명한 집에 들렀더니 주문 후 두어 시간은 기다려야 한다기에 무작정 드라이브를 나선 것이 계기였다.

강원도는 이름만 떠올려도 왠지 먼 타향 같이 느껴져 한 번도 물리적으로 가깝게 여겨본 적이 없는 곳인데, 우연한 기회에 불과 고개 하나만 넘으면 된다는 것을 알게 됐다. 최근에야 도로 환경이 좋아지면서 터널 하나만 지나면 금방 도시의 경계를 뛰어넘는 시대에 살고 있어 전국이 일일생활권이 된 지도 오래다. 다만 일과 생활을 핑계로 마음을 먹지 못했을 뿐, 한번 실행에 옮기고 나면 물리적 거리와 정서적 거리는 아무것도 아니다.

나로서는 어릴 때 부모님 손에 이끌려 딱 한 번 방문했던 것이 전부인 외가인데, 어머니는 신기하게도 80여 년 전의 추억들을 생생하게 떠올리셨다. 영월은 큰 강이 산허리를 끼고 또는 마을을 가로질러 굽이굽이 흐르는 게 이색적인 곳이다. 일명 예밀리(구 하동리) 하동천은 그 폭이 넓고 깊어 예전에는 배를 타고 마을과 마을을 이동했다고 한다. 어머니도 초등학교에 다니실 때 배를 타고 다니셨다고 한다. 지금은 긴 다리가 곳곳에 놓여 있고 포도마을을 알리는 설치물들이 포토존을 형성하고 있다.

운동장엔 파란 잔디가 깔려있고 울창한 수목이 아름답게 가꾸어진 어머니의 모교에서 기념사진을 찍었다. 동심이 되살아난 어머니는 학교를 배경으로 우뚝 솟은 뒷산 중턱, 구멍처럼 움푹 팬 바위 전설도 얘기해 주셨다.

"예전 아이들은 뒷산에 바위가 움푹 팬 걸 보고 임금님이 지나가다가 무르팍으로 꽉 찍어서 자국이 났다고 알고 있었지."

누가 봐도 말도 안 되는 소리지만 당시의 사람들은 그렇게 믿고 싶었을까. 임금을 신성시하고 무엇이든 신령한 전설을 갖다 붙이길 좋아하는 옛사람들의 전설을 듣고 자란 어린 초등학생들은 이곳에서 어떤 꿈을 꾸고 자랐을까. 꿈 많았던 우등생 어머니의 유년 시절 이야기를 들으며 초등생 어머니의 모습을 떠올려 봤다.

나룻배를 타고 등하교하면서도 책을 손에서 놓지 않았던 여학생. 학교에서 배운 걸 떠올리며 부지깽이로 글을 쓰고 언제나 생각에 잠겨있던 소녀. 남아선호사상과 가부장적인 사회에서, 게다가 규모가 결코 작지도 않은 학교에서 전교 회장을 했던 어머니. 그것도 여학생이 남학생들을 제치고 내내 급장을 하기란 어디 흔하고 만만한 일인가. 그 시대라면 오히려 금녀의 영역은 더 울타리가 견고했을 터인데 우리 어머니는 타고난 리더십과 명석한 머리로 시대적 경계를 뛰어넘은 듯하다. 시간을 때우기 위해 무심코 드라이브를 하지 않았더라면 몰랐을 어머니의 과거다.

외할아버지는 그곳 영월 옥동(현 예밀리)에서 포목사업을 하셨다. 사업 마인드가 있으셨던지 전국을 다니셨고 어릴 적 기억 속의 외가는 언덕배기에 고래 등 같은 기와집이 여러 채 있었다. 심지어 화장실도 기왓장이 덮인 원두막 크기의 작은 집이었던 것으로 기억한다. 외조부모님은 위로 딸들을 내리 네댓 낳고 밑으로 어린 아들 둘을 두었기에 농사는 데릴사위를 들여 해결했다.

어느 날 돌림병으로 외조부모님이 동시에 돌아가시고(어머니 말에 의하면 코로나 같은 유행병이다) 사촌들에 의해 재산은 물거품처럼 사라졌다. 시집 간 딸들은 출가외인이라는 이유였을 테고 아들들은 어린 초등학생이었으니, 소위 관리를 이유로 자청하여 떠맡은 재산을 헐값에 모두 팔아넘기고 만 것이다. 결국 어린 형제들은 뿔뿔이 흩어져 살게 되는 비운을 맞이했다. 이처럼 친척에게 외가의 땅과 재산은 모두 잃었고 옛 집은 오간데 없지만 아직도 옥동은 어머니에게 있어 태생적 그리움의 도시이자 마음의 고향이다.

외할아버지께 선천적으로 물려받은 경영 리더십으로 어머니는 재 넘어 홀아버지 슬하의 장남 같은 차남에게로 시집와서 가족들을 건사하며 가정경제를 일구었다. 밭농사를 손수 다 지었고, 밤낮없이 농토를 가꾸었다. 틈틈이 깐깐한 홀시아버지와 가족의 삼시세끼를 차리고, 시집 안 간 고모 둘과 6.25사변에 사라진 큰아버지 자식 둘 등 자식들까지 대가족을 바라지하며 헌신적인 삶을 사셨다.

닭을 키우는 것은 기본이었고, 돼지 한두 마리, 염소 몇 마리에서 시작해 다시 송아지를 키워 소 두세 마리를 키우는 등 가축을 사고판 돈으로 땅으로 사고…. 이렇게 한 푼 두 푼 모아 가정경제를 일군 건 순전히 어머니였다. 농사짓는 사람들은 자기 땅을 사기 전까지는 도지를 붙이기도 한다. 우리도 처음엔 남의 땅에 도지세를 주고 농사를 짓기도 했단다. 지금에야 농사지을 사람들이 없어 풀만 무성하게 자라는 버려진 땅이 되었지만, 예전에는 땅이 없어 농사를 못 짓는 사람들도 많았다.

어머니는 쉬는 날이 없었다. 젖먹이 막내딸을 낳고도 모포장에서 일을 하셨던 기억이 난다. 내가 초등학교 1학년 입학 전에 태어난 그 동생을 업고 모포장에 일하던 어머니에게 젖 먹이러 가다 엎어져 논두렁에 처박기도 했다. 농사일 틈틈이 공공근로 일도 마다하지 않았던 억척 어머니의 인생담과 나의 기억이 일치하는 대목 중 하나다. 초등학교 1학년이 5~6킬로는 족히 넘는 아기를 업고 1킬로가 넘는 고르지 못한 논두렁 길을 걸어간다는 게 어디 쉬운 일인가. 지금 생각해도 아찔하다.

그렇게 헌신적인 삶을 살았던 어머니는 그토록 많은 농사를 지으면서도 자식들에게 그다지 일을 시키지 않으셨다. 논에 약 칠 때 한두 번 줄을 잡아줬던 기억은 있지만 그 외에는 강제로 일을 시키시지도 가용하지도 않았다. 아들들도 마찬가지다. 우리 집 귀하신 두 아들은 다른 집 자식들처럼 농사짓는 법도 모르고 컸다. 공부하라고 도시로 유학 보냈기에 쇠꼴과 퇴비를 몇 짐 해놓고 학교를 다녔다는 동시대 사람들의 추억담과는 거리가 멀 정도로, 시쳇말로 '포시랍게' 큰 듯하다. 어머니께서 학생의 본분은 공부라는 기본 마인드를 가지고 계셨고 농사일이 자식들의 역할이라고 생각지는 않으셨던 덕분이다.

그런 어머니는 당신도 제대로 공부했으면 교수가 되거나 사업가가 되었을지 모르겠다고 말씀하신다. 시대를 잘못 태어나서일지도, 부모님을 일찍 여의어서일지도 모르겠지만 이유는 여러 가지다. 주어진 상황에서 최선을 다하고 언제나 주도적으로 삶을 개척하셨던 어머니의 정신을, 그 DNA를 알게 모르게 내가 닮은 듯하다. 남에게 의지하기보다 무엇이든 스스로 해결하려는 정신이 내게도 있다. 어머니께 물려받은 것은 그뿐만이 아니다.

모두가 먹고살기 어려운 그 시절, 뒷동네 사는 할머니 한 분은 한 달에 한두 번 보리쌀 한 되만 꿔달라며 찾아오셨다. 조그만 그릇을 들고 종종 양식을 얻으러 오시던 분, 자식은 어딜 가고 손주들을 돌보며 어렵게 사시던 꼬부랑 할머니는 늘 그렇게 어려우셨다. 그런 어려운 이웃을 위해 부모님은 보리쌀이 아닌 쌀 한 자루를 덥썩 내어 주는 넉넉한 인심을 보여주셨다. 한두 번도 아니어서 어렸을 때 이런 일들을 자주 목도했다.

가족이 많아서이기도 하지만 어머니는 김장을 담글 때마다 수백 포기 넉넉하게 담가서 온갖 친척 이웃들에게 다 나누어 주길 좋아하신다. "뭐가 나누어 줄 때 그 기분이 얼마나 좋은지 아나?" 어머니가 늘 하시던 말씀이다. 그런 어머니를 닮아 나도 종종 손이 크다는 말을 듣는다. 나는 가진 게 넉넉지 않으면서도 아낄 줄 모르는 게 흠이지만, 어려운 사람들을 보면 마음이 아파 내 수준에서 할 일을 찾아 최대한 흔쾌히 도움을 주고자 노력하는 편이다.

언젠가 일문일답을 할 때 젊은 학생들이 물었다. "돈을 제한 없이 쓸 수 있다면 무얼 하겠느냐"는 질문이었다. 그때 나의 답은 첫 번째는 마음껏 기부하고 싶은 곳에 기부하는 것이고, 두 번째는 돈이 없어 병을 고치지 못하는 사람들과 형편이 어려운 사람들에게 원껏 주고 싶고, 그다음 나를 위해 쓰고 하고 싶은 걸 다하고 싶다는 말을 한 적 있다. 생각해 보니 정작 나를 위해서는 무얼 해야 할지 딱히 생각나지 않았다. 다만 골치 아픈 빚들을 청산하고 싶은 게 전부다.

늘 그랬다. 나는 내 자신의 이익보다 도움을 줌으로써 느끼는 기쁨과 보람을 더 우선시했다. 남에게 도움을 줄 때도 이해타산을 따져본 적 없다. 그렇다고 계산할 줄 모르는 나를 스스로 원망해 본 적은 없다. 영악하지 못해서 '촌년'이라는 소리를 듣기도 하지만 그런 DNA를 물려받았는데 어쩌겠는가.

어머니의
간절한 기도

지난해 아버지가 돌아가시고 고향엔 아흔의 어머니가 홀로 계신다. 그런 어머니 걱정에 행여 도둑이 드는 게 아닌지, 조석으로 안위도 살필 겸 작은 오빠가 CCTV를 설치해 놓았었다. CCTV 설치를 한 다른 이유도 있다. 어머니가 출타하고 며칠 집을 비우거나 잠시 외출이라도 하고 오는 날엔, 어김없이 엄마가 아끼는 살림살이 같은 잡다한 물건이 하나둘씩 자취를 감추거나 심지어 공들여 거둔 농작물까지 야금야금 없어지자 어머니께서 적잖이 스트레스를 받아 심기를 편케 해드리기 위해서다. 도대체 그곳에서 무슨 일이 벌어지고 있는 것인지.

어쨌든 그런 연유로 달아놓은 CCTV는 한 번씩 우리 형제들에게 제각각 많은 생각을 던져주는 매개체 역할을 한다. 적어도 지금은 그렇다. 도회지에서는 한 발짝만 걸어 나가도 모든 사생활과 행동반경이 포착되는 비밀이 없는 세상이 되었다고 인권 운운하는 시대지만, 안전을 목적으로 활용될 때만큼은 그런 우려는 잠시 접어두게 된다.

가끔씩 영상에 이벤트가 뜰 때마다 캡쳐해서 형제들과 영상을 공유하고는 하는데, 혼자 사시는 어머니의 안부를 화면을 통해 확인하면서 우리는 안도의 숨을 쉰다. 구순임에도 아직까지 큰 지병도 없는 데다 여전히 꼿꼿하고 정정하시지만 연세가 연세인지라 자식들로서는 걱정을 하지 않을 수 없다.

어느 날 형제 단톡방에 엄마의 영상이 올라왔다. 모바일과 연동해 CCTV 상황을 관리하는 작은 오빠가 올린 것이었다. "매일 이 시간에 자식들을 위해 기도하시는 엄마보고 모두 열심히 살아라. 손발이 닳도록 비는 모습을 보고 뭘 느끼노?" 문자와 함께 올라온 글을 보고 영상을 클릭하니 한밤중 마당에 나오신 엄마 모습이었다. 마당에 나오신 엄마는 순서 하나 틀리지 않고 정확히 동쪽-서쪽-남쪽-북쪽, 즉 동서남북의 신들에게 먼저 절을 올리고 다시 동쪽을 향해 꼿꼿이 서서 90도로 숙여 절을 여러 번 하시곤 두 손을 열심히 비벼대며 무어라고 중얼중얼 기도를 하셨다.

순간 울컥 목이 메었다. 화면을 보자마자 제어가 안 되는 눈물이 나도 모르게 뚝뚝 떨어졌다. 어머니가 평생 기도실을 만들어 놓고 자식들을 위해 기도해 오신 걸 우리 자식들이 모르는 바는 아니었지만, 아직도 이렇게 기도를 하고 계시다니…. 그 정성에 탄복했고 그 사랑에 못미쳐 죄송했다.

어머니의 기도실은 팔십 중반을 넘어서면서 없앴다. 연세를 이유로 새벽과 밤중 하루 두 번의 격식 갖춘 기도를 중단하시겠다고 선언하신 것이다. 어느 날부터 기도실은 가끔씩 내려오는 큰 오빠의 전용 사랑방으로 바뀌었다.

당시 어머니는 "이제 나도 나이가 있고 이만하면 됐다"며 소임을 마무리 짓는 듯싶으시더니 기도실이 없다고 기도를 멈춘 게 아님을 그제야 알았다. 기도실을 없앤 후에도 이렇게 매일 밤 마당에 나와 똑같이 기도를 올리고 계신 것을 CCTV가 담고 있었다.

CCTV 설치 후 수개월 동안 한결같이 같은 시간에 나와 기도하시는 모습을 작은오빠가 영상으로 목도했고 그걸 톡에 공유하면서 나머지 형제도 알게 된 것이다. 과연 나는 자식을 낳고 부모로 살면서 자식을 위해 얼마나 지극정성으로 기도를 했던가. 우리 어머니처럼 자식과 가족의 안녕을 위해 저토록 한결같이 열심히 기도한 적이 있던가. 스스로를 반성하는 계기가 되기도 했고, 어머니의 정성과 사랑에 못미치는 자식의 도리에 죄송스럽기 그지 없었다.

물질로 풍족함을 누리게 해주는 것만이 부모의 역할을 다하는 것이 아니라 자식들이 잘되길 기원하며 간절히 기도하는 마음도 부모가 자식들에게 해줄 수 있는 큰 자산이고 든든한 백그라운드라는 것을 어머니의 기도를 보면서 새삼 느꼈다.

　연세가 들면 무릎도 시원치 않아 어두운 밤 여러 겹의 문을 여닫고 나와 들락거리시기도 힘들고, 덥고 추운 날은 그저 방안이 편하실 만도 한데, 굳이 마당으로 나가 사방의 신들에게 고하며 간절히 기도하시다니…. 어머니의 모습은 한없이 생각이 짧고 이기적인 자식들이 보기엔 그저 송구하기 짝이 없었다. 또한 어머니의 간절한 기도에 미치지 못하는 삶을 살고 있는 게 아닌가 반성이 되기도 했다.

　지금껏 살아오는 동안 "아, 참 다행이다. 천만 다행이다." 이렇게 안도하며 신께 감사하면서 가슴을 쓸어내렸던 적이 얼마나 많았던가. 고속도로를 열심히 달리다가 갈림길을 잘못 들어 급히 방향을 우회하다 뒤차와 한 끝 차로 큰 사고를 면했던 일, 야근을 마치고 퇴근하던 길에 취객이 갑자기 뛰어들어 차에 부딪혔지만 큰 사고가 나지 않았던 일, 그 외에도 수많은 사건사고들 속에서도 지금껏 무탈할 수 있었던 행운은 모두 어머니의 간절한 기도의 힘 때문이었음을…. 그리고 무엇보다 사회경제적으로 어려운 여건 속에 신문사를 설립해 운영하며 십수 년간 명맥을 이어올 수 있었던 것도 모두 어머니의 정성 어린 기도 덕분이었다는 것을 다시 한 번 돌아보게 됐다. 누가 뭐래도 내게 가장 큰 백그라운드는 든든한 어머니의 기도임을 어찌 부인할 것인가.

"내가 뭐라고 비는 줄 아나? 그저 자식들 잘되게 해달라고 하는 것보다 객지에 나가 살고 있는 우리 자식들 우예든동 남한테 욕 안 먹고 반듯하게 잘 살라꼬, 남한테 좋은 소리 듣고 사는 사람들 되라꼬, 어려운 일 생기면 지혜롭게 잘 헤쳐나갈 수 있게 해달라꼬 한다. 자나 깨나 차 조심하고 오는 길 가는 길 안전하라꼬, 건강하게 해달라꼬 한다."

그래, 맞아 그러셨지…. 언젠가 엄마가 하시던 말씀이 떠올랐다.

정월 대보름 성주신께 '소지'를 올릴 때 자식들 이름 하나하나 부르며 간절히 소원을 빌던 엄마, 뒷방에 정화수를 떠 놓고 밤낮으로 기도를 올리던 엄마, 뭔가 일이 안 풀릴 때, 집안에 우환이 있을 때에도 엄마는 뒤꼍 장독대에 정화수를 떠 놓고 기도를 올렸다. 엄마를 떠올리면 '기도'라는 단어가 먼저 생각난다.

영국 신사
카멜레온 아버지

아버지는 지난해 생신을 며칠 앞두고 세상을 떠나셨다. 강렬한 햇살에 일찍부터 만개한 장미넝쿨이 여염집 담장을 아름답게 휘두르고 초록 잎이 무성하던 봄날, 당신이 정확히 예측한 그날에 빌려온 몸을 버리고 영원의 세계로 가셨다. 그믐날에 가실 거라고 메모장에 남기신 말씀대로 견뎌내기 어려운 고통을 잊고 자식들 더는 힘들게 하지 않으시려 스스로 명줄 조절해 떠나셨다.

우리 자식들은 아버지를 보내드리는 마지막 날 선영에 관을 묻으며 자주 애용하시던 소장품들을 함께 넣어 드렸다. 평생 담배와 술을 즐기셔서 인생 후반 십수 년은 후두암으로 성대를 절제해 목젖 주변에 마이크를 대고 소리를 내 소통하거나 메모지에 글을 써서 소통하는 갑갑한 세월을 사셨다. 유품을 정리하다가 본 아버지의 노트엔 하고 싶은 말들이 그득했다. 여기저기 적어놓은 글들을 읽으며 울기를 반복했다.

아버지는 생전 유머와 위트가 많으셨던 분이셨고, 멋 내기를 좋아하셨던 패셔니스트셨다. 옷도 활동 용도에 맞게 시간대별로 갈아입으며 폼 내기를 좋아하셨는데, 패션의 완성인 선글라스와 모자를 좋아해 종류별로 많이 갖고 계셨다.

옛날 어르신 치고는 키도 크고 인물이 좋아 중절모에 선글라스 담배 파이프를 물면 여지없이 백화점 명품잡지 광고모델로 나오는 중년 외국인 남자 모델 필이 난다. 그런 아버지의 별명은 자식들이 붙여준 영국 신사, 카멜레온이다.

아버지는 어머니와 동갑이시지만 평생 하대하지 않으셨다. 항상 반 높임말을 하셨다. 주변 사람들로부터도 선생님 소리를 들으며 사실 정도로 '사람 좋다'는 말씀을 많이 듣고 사셨다. 그런 아버지였지만, 한 번씩 버럭 하실 때는 한 성격하시는지 가끔 어머니가 "네 아버지와 더는 못 살겠다"며 푸념하시던 게 생각난다.

그러나 그런 넋두리 같은 푸념도 그때뿐. 어머니는 아버지를 지극정성으로 모시고 사셨다. 돌아가실 때까지 삼시 세끼 정성으로 차려드렸고, 드시고 싶다는 음식은 다 해드렸다. 노령으로 귀가 멀어지고 성대를 잘라내 말도 못하게 된 아버지는 먹통 세상 불편함과 스트레스가 크셨을 테다. 그 답답함을 종종 어머니께 푸셨지만 어머니는 넉넉히 받아주셨다.

아버지는 자식들에게도 크게 혼내는 법이 없었다. 돌이켜

보니 바로 위 언니와 싸울 때만 빼고 혼나 본 적이 없는 것 같다. 예전 조부께서 살아계실 때는 자식사랑을 크게 표 내는 법이 없었지만 기억 속 아버지는 딸들도 이뻐하셨다.

    남학생들이 집 근처에서 서성일 때면 집으로 들어오시다가 보셨는지 "남자는 잘생기고 멋진 놈을 만나라"고 농담을 하시던 기억이 떠오른다. 막내인 여동생 초등학교 시절, 패션쇼 흉내를 내며 아버지 앞에서 워킹쇼를 하면 그 모습이 이뻐서 좋아하시던 모습, 멀리 출타하셨다가 오시는 길엔 형제 중 밑으로 젤 어린 나와 여동생을 위해 호두과자, 밤과자를 사 오시는 것도 잊지 않으셨던 기억들을 소환해 보면 참 다정다감하신 분이셨다. 항상 눈가에는 인자한 웃음이 머물러 있으셨다.

    연세가 드시면서 마음이 약해지셨는지 눈물을 자주 보이셨다. 특히 딸들이 찾아뵐 때면 얼굴이 활짝 피어나게 웃으며 맞이해 주셨고, 당신의 방으로 가지 않으시고 오랫동안 함께 자식들 옆에 둘러앉아 잘 들리지 않는 대화 속에 함께 머무셨다.

    자식들이 제각각 다시 삶터로 돌아갈 때면 눈물을 감추지 못하시며 돌아보는 우리를 향해 어서 가라 손짓으로 답했다. 좀처럼 눈물을 보이지 않는 강인한 어머니에 비해 아버지는 유독 눈물이 많은 마음 약한 분이셨다는 걸 철이 들어서야 알았다. 아마도 겉으론 강한 듯 보여도 내가 마음이 약하고 눈물이 많은 건 선친을 닮은 것 같다.

뿌리를
찾다

    몇 년 전 아버지가 살아계실 때 어머니가 홀로 시골에서 딸이 사는 부산으로 오셨다. 다음 날 새벽 기계유씨 문중 부운재와 시조묘를 찾아 시제에 참석하기 위해서였다. 아버지는 지난 2022년 돌아가셨지만 당시에도 건강이 썩 좋은 편은 아니신지라 어머니가 앞장서 홀로 딸을 대동하여 일가친척들에게 소개해 주기 위해 시간을 내신 것이었다.

    김영김가인 어머니는 시집을 온 이후 성도 이름도 이전의 삶도 잊은 채 철저히 기계유씨가 식구가 되어 희생 헌신하며 살아오셨다. 아버지는 돌아가시기 몇 년 전부터 신체기능이 떨어지면서 주변에 불편을 끼칠까 봐 멀리 여행하는 걸 싫어하셨다. 자식들이 보고 싶어도 자식들 집을 오가는 것도 귀찮아하셔서 언젠가부터 어머니 혼자 다니셨다. 거동이 불편한 아버지를 대신해 유씨 일가의 행사에는 어머니가 종종 참석해 오던 차였다.

    당시 팔십 후반의 어머니로서는 결코 녹록한 여행길이 아니었으리라. 먼 길 몇 시간이나 버스를 타고 오셔서 피로하실 텐데도 다음 날 새벽같이 재실과 시조묘가 있는 경북 포항시 북구 소재 기계로 향했다. 7시가 조금 지난 이른 아침에 도착해 보니 전국 각처에서 오신 일족들로 부운재는 성황을 이루었다. 어머니에 이끌려 난생처음 시제행사를 찾은 나는 어안이 벙벙한 채로 아침 식사 전 2층으로 올라가 종친회 어르신들에게 인사를 올렸다.

어머니의 이러한 적극성은 예전에 미처 몰랐던 부분이다. 당신의 김영 김가 일족 행사보다 남편의 성씨를 따라 문중 행사에 가족 대표로 꼬박꼬박 참석해 온 어머니는 이 방 저 방 데리고 다니며 딸을 소개시켰다. 큰 행사가 진행되는 만큼 아버지 이름으로 유사를 하시고 덩달아 나도 금일봉을 쾌척하게끔 유도하셔서 유사에 동참했다.

어머니는 시제가 진행되는 1시간 남짓 찬 바람이 부는 부운재 마당에 꼿꼿하게 서서 긴 제례를 기꺼이 동참하며 돗자리가 깔린 마당에 엎드려 삼배도 마다하지 않으셨다. 연세가 드신 분들은 대부분 처마 마루에 걸터앉아 계신데 여성 노인으로서는 유일하게 젊은 청장년들처럼 제례에 1시간 남짓 함께했다. 자리가 부족하기도 했지만 매서운 산중 계곡바람을 고스란히 맞으며 오랜 시간 서 있기란 쉽지 않은데도 어머니는 끝날 때까지 자리와 자세를 지켰다. 젊은 나도 툇마루에 앉아서 그냥 지켜보고 싶은 마음이 굴뚝 같았지만 옆에서 진지하게 참여하시는 어머니를 보며 의식을 마쳤다. 88세의 노인이라고는 믿어지지 않을 만큼 꼿꼿한 어머니의 저 정성과 에너지는 어디에 기인하는 걸까. 아마도 자식 잘되길 바라는 마음을 시제에 태워 축원하고자 했을 터다. 자식들을 위해 간절한 무엇인가를 소망하고 있었는지 모른다. 당신 한 몸 편하고자 했다면 연세를 핑계 삼아 한쪽 마루에 앉아있어도 뭐라고 할 사람은 없건만, 시종일관 한결같은 태도를 보자니 나에게 적잖이 울림이 컸다. 내가 몰랐던 어머니의 다른 모습들을 가까이에서 새삼 느낀 감동 중의 하나다.

어머니의 적극성은 여기서 그치지 않았다. 시제 후 시조묘에 올라 참배하려는 사람들의 발길이 가파르고 험한 산길을 빙 둘러 정상까지 이어졌다. 지금은 산길이 닦여 차가 다닐 수 있지만 당시만 해도 일반 자동차로는 엄두가 나지 않은 길이었다. 어머니는 친척 아저씨들에게 부탁해 SUV 차량으로 딸과 함께 산꼭대기까지 올라갔다. 모성은 가히 위대하다.

산 정상에서 내려다보는 산세와 풍광은 가히 장관이었다. 시조묘는 최고의 명당다웠다. 엄마의 인도가 아니었다면 이 풍경들을 어찌 볼 수가 있었을까. 풍수적으로도 최고로 꼽는다는 우리 기계 유가 유삼재 시조 어르신의 묘를 현장에서 참배하는 복을 앞으로 얼마나 더 누릴 수 있을까. 모두가 엄마 덕분이었다. 시조묘 앞에서 맨발로 삼배를 올리고 마음속 기도를 올렸다.

자랑스러운 청족가문

　나의 고향은 경북 봉화다. 부모님은 동갑의 연세로 거의 평생을 해로하시다가 지난해 아버지께서 먼저 소천하시고 아흔의 어머니 홀로 남아 계신다. 고향을 떠나 멀리 부산에서 자리 잡은 출향인이지만, 부산에서 사회활동을 하는 동안 지역사회를 이끌어가는 많은 어르신들께 종종 들어온 얘기가 "참 좋은 부모님을 두신 것 같다"는 말이었다. 당사자에 대한 최고의 격찬이다. 내가 어떻게 하는가에 따라 부모님과 선조들이, 그리고 한 가문이 평가받을 수도 있다는 것을 알기에 매 순간 자세를 낮추고 시나브로 스스로를 돌아보며 담금질하는 기회로 삼는다.

　오늘의 나를 있게 한 것이 청족의 가문 기계유씨임을 나는 자랑스럽게 생각한다. 신라 때 아찬을 지낸 유삼재 공이 시조 어르신으로, 단성공파 38대손이다. 고려왕조에 불복해 소신을 피력했던 선대 어르신들은 고려시대 때는 포항 기계면에 은둔하며 지냈지만 조선시대에 와서 세를 떨쳤다. 문과 급제자 90명, 상신

3명, 판서 12명을 배출하면서 국가 발전에 크게 이바지했다. 사육신 유응부, 세종 때 집현전 직제학을 역임한 향약집성방 저술자 유효통, 중종 때 예조판서 유여림, 호조판서 유강, 선조 때 좌의정 유홍, 인조반정에 공을 세운 증영의정 유백증, 영조 때 영의정을 지낸 노론의 원로 유척기, 정조 때 좌의정 유언호, 개화기 선구자 『서유견문록』의 유길준 등 손으로 꼽을 수 없을 정도로 훌륭한 선대 어르신들이 이 나라를 지탱하는 데 큰 역할을 해 왔다.

어릴 적 사랑방 선친의 책꽂이에 묵직하게 꽂혀 있던 여러 권의 기계유씨 족보 책을 접한 이후로 왠지 모를 뿌듯함과 가문에 대한 자랑스러움이 가슴 한구석을 차지해 왔다. 이후 기계유가라는 점이 필자를 더욱 으쓱하게 만든 건 대종회에서 발간한 신문과 잡지를 접하면서이다.

한 집안의 종친회에서 신문과 잡지까지 발간하는 경우가 그리 많지 않던 시절이라 학문적이고 의식 있는 집안 같아서 괜히 좋았다. 사회생활을 하면서도 양반이니 상놈이니 상도니 하도니 종종 주변 사람들의 대화에 씨족과 가문 이야기가 화제가 될 때마다 나도 한마디 거들어 기계유씨 일족의 자랑을 놓치지 않았다.

대종회는 잊을 만하면 다양한 모습으로 인연이 되어 기계유가의 후손임을 잊지 않게 해주고 있다. 몇 해 전 여름 휴가차 친정을 방문했을 때 어머니께서 기계유씨 대종회 종보 〈부운(富雲)〉을 건네주셨다. 벅찬 감동과 뿌듯함으로 가슴이 먹먹할 지경이었다. 시제 소식과 장학회 소식, 이름만 들어도 전 국민이 다 아는 유명 종인들에 이르기까지 곳곳에서 맹활약하는 기계유가 종인들의 소식이 자랑스러웠다. 게다가 필자의 눈을 사로잡은 '청족'(淸族)이라는 단어는 자긍심에 방점을 찍었다.

사사로운 이익과 입신보다 청조, 근절, 정결한 삶을 지향해 온 선조들의 고고한 정신이야말로 우리 기계유씨 종인들이 계승해야 할 시대정신이자 유산임을 다시 한 번 돌아보게 했다. '벼슬살이를 하면서 나라에 죄를 짓지 않고 대대로 절의를 높이 받들어 온 가문'이라는 점이 얼마나 뿌듯한가. 약간의 권력만 부여잡아도 불의와 결탁하고, 갑질하고, 부정한 방법으로 부를 축적해 온 사람들이 또 얼마나 많았던가. 주요 공직에 내정되었던 사람들이 청문회에서 안타깝게 낙마하는 사례들이 줄줄이 이어지고 털어서 먼지 나지 않는 사람이 없다는 요즘 세상에 기계유씨 선조들의 청렴한 삶은 전 국민이 귀감으로 삼아야 할 자세가 아닌가 생각한다.

'종이쟁이', '글쟁이'로 살아온 나와 대종회와의 인연은 이렇게 책과 신문과 회보로 거의 20년 단위로 찾아와 오늘의 나와 삶의 근원이 되는 뿌리와 정신이 무관하지 않음을 일깨워 주고 있다. 무릇 사람의 근원과 됨됨이는 면면히 흐르는 가문과 선조들의 정신이 결코 무관하지 않음을 되새기게 된다.

성씨 이야기가 나올 때마다 나는 '백세일실(百世一室)' 기계 유씨 일가에 대한 자랑으로 입이 단내가 난다. 일찍이 인재 양성을 위해 재산을 종친회에 아낌없이 기증하였던 문중 일가 덕분에 부운장학회는 우리나라에서 한두 손가락 안에 꼽히는 대규모 장학회로 성장했고, 문광부 등록 1호 장학재단이라는 영예로움도 갖고 있다. 선조들의 얼이 서린 기계유씨 소장품 기증 유물 박물관은 또 다른 자긍이다.

선조들의 정신유산을 잘 이어 종친회를 훌륭하게 이끌어 가는 전국의 종인들에게 존경을 표한다. 뿌리 깊은 가부장적 문화 속에서도 우리 일가 어르신들은 어느 가문보다 깨어있는 선각자들임을 곳곳에서 느낀다.

호주제 폐지에 따른 개정민법의 적극적 수용과 적용을 통해 딸들도 유가로 대를 이을 수 있다는 적시로 널리 알리고, 몇 해 전 사회를 떠들썩하게 했던 사회적 문제이자 이슈로 부각된 '미투'와 '위드 유'에 대해서도 대종회 어르신들은 열린 사고를 보였다. 〈부운보〉 글을 통해 또는 좌담회를 통해 건전하고 보편타당한 시민사회의 올바른 여론을 선도해 가는 모습은 좋은 본이 되었다.

어머니의 손에 이끌려 시조묘가 있는 기계면 부운재를 찾아 시향에 참석했을 때, 마음속으로 다짐을 했다. 이 같은 가문의 훌륭한 선대 어르신들의 정신을 본받아 이어가리라고.

Part 2

「부산여성신문」이 지난 25년여간 걸어
온 길이 그랬다. 초창기 모두가 바라던
역할에 충실하고자 부단히 노력해 왔다.
그래서 뿌듯하고 부끄럽지 않다.

세상의 창,
그들을 만나다

1 기자 초년 시절
2 기자 초년 시절 편집부 기자들과

1-2 동래신문 기자시절 법기수원지와 기장바닷가 워크숍

1 글로벌여성리더포럼 활동(2017)
2 일가정양립환경을 위한 찾아가는 골목 토크쇼 | 사상 우먼라이브러리(2015)
3 창간 기념일을 맞아 매년 시상해오고 있는 박차정 여성운동가상 시상식

1 박차정여성운동가상 시상식(2022)
2 양성평등웹툰 공모전 시싱식(2023)

1 한국여성의정 정치아카데미 부산학교 수료식(2017)
2 한국여성의정 정치학교 운영위원회
3 한국여성의정 정치아카데미

1 전국 첫 시도한 부산국제어린이청소년아트페어 공동주최(2023)
2 『전쟁의 파문』 저자 레오 디메이의 책을 직접 만들어주고 출판기념회에서

언론인의
길을 걷다

    1990년대 초반 전국 최초의 지역 주간신문이었던 「동래신문」 기자를 시작으로 언론사에 발을 들여놓은 후 다양한 언론출판 잡지사를 거쳐 다시 10년 만에 부산여성신문에 입사했다. 돌아보면 나의 라이프 사이클은 10년을 단위로, 그리고 '9'자가 들어간 해에 뭔가 시작을 하거나 변화를 겪어온 듯하다.

    1991년 「동래신문」, 1999년 「부산여성신문」, 2009년 「부산여성뉴스」 창간 등 부인할 수 없는 획기적인 변화와 변곡점이 된 숫자이고 연도이다.

    전국 단위로서도 최초의 지역 주간지였던 「동래신문」은 지역의 뜻있는 기업인 10여 명이 출자하여 설립한 주식회사 동래신문이 매주 꼬박꼬박 발행했다. 1990년대 초반 지금의 대동병원 옆 대동학원 건물이 들어선 자리가 옛 동래신문 건물자리이다.

    지역 주간신문치고는 시스템을 제법 제대로 갖추고 출발한 주간지로, 인터넷이 없던 시절이라 기사를 쓸 때 자료 열람실을 이용해 참고 자료를 찾았다. 건물 5층 자료실에는 신문 스크랩자료와 백과사전 등 호수별 역대 발간 신문이 잘 정리되어 있어 지역 유치원생들의 견학 명소가 되기도 했다. 동래신문은 또한 동래문화센터도 함께 운영하며 트래킹문화를 선도했다.

나는 동료 기자와 결혼하여 임신 중이던 편집기자의 출산에 대비해 진행한 공채에서 38:1의 경쟁률을 뚫고 입사했다. 「부산일보」와 「국제신문」의 편집국장 및 논설주간을 두루 거친 고천기일 편집주간 체제하에 신문은 매주 발간되었고, 나는 천 주간님의 지도를 받으며 취재와 편집을 겸했다. 취재기자는 취재와 글만 잘 정리하면 되지만 편집기자는 취재와 글은 기본이고 편집을 할 줄 알아야 한다. 레이아웃을 잡고 제목 뽑는 일, 원고를 줄이거나 빼고, 톱 기사를 선정하고 배열하는 일 등 신문 제작에 있어서 편집기자가 하는 일이 얼마나 중요한 일인지 신문을 만들어 본 사람들이라면 누구나 안다.

지금 생각해도 그때의 경험들이 신문사를 경영하는 데 얼마나 많은 도움이 되는지 모른다. 별도의 인력을 쓰지 않고 적은 인력만으로 운영할 수 있도록 하는 원동력이다.

야심 차게 출발한 「동래신문」은 그러나 재정난을 못 버티고 1993년 초 결국 장기 휴간에 들어갔다. 나는 그 이후에도 쭉 프리랜서로서 사람을 만나 대화하고 취재하며 글 쓰는 일을 계속했다. 그러던 1999년, 지역 일간지에서 부산에서도 여성신문을 창간한다는 소식을 접했다. 아이를 떼어놓아도 될 것 같은 두 돌을 손꼽아 기다오던 차에, 때마침 기자 공채 공고가 난 것이다.

1999년 2월 면접을 보고 3월 초 창간 멤버로 합류한 후, 4월에 「부산여성신문」 창간호를 냈다. 지역 여성신문의 창간과 함께 다시 직장생활이 시작되었다.

"여성이 변해야 세상이 바뀐다"는 슬로건을 모토로 닻을 올린 「부산여성신문」은 1999년 4월 14일 부산롯데호텔 3층 크리스탈볼룸에서 창간 기념행사를 열었다. 지역에 신고식을 치르는 대대적인 창간 행사였다. 기념식에는 김종필 국무총리와 김기재 행정자치부 장관, 안상영 부산시장, 최홍건 산업자원부 차관, 이종만 부산시의회 의장, 강병중 부산상공회의소 회장, 정순택 부산광역시 교육감 등 각계 인사 1천여 명이 참석해 대성황을 이루었다.

창간 발행인이었던 윤원호 회장은 "실현 가능한 대안 제시로 여성과 소외계층을 외면하지 않는 밝고 따뜻한 언론매체가 되겠다"고 약속했고 "여성의 능력개발과 사회참여 확대로 여성의 세력화를 도모하겠다"는 포부도 밝혔다. IMF 터널을 지나온 지 얼마되지 않아 경제도 어려운 때, 여성 언론의 창간을 두고 우려의 목소리도 많았다. 그런 지역사회의 염려 속에 출발했지만, 신문은 다행히 순항을 이어갔다. 당시 두 살배기 딸을 타인의 손에 맡기고 재취업한 나는 요즘 말로 경력 단절을 극복하고 다시 워킹맘으로 복귀, 현장을 스케치하며 역사적인 순간들을 함께했다.

우리 신문에 칼럼을 기고했던 이순희 전 부산대 불문과 교수의 글은 아직도 인상 깊게 남아있다.

> "여성신문이 부산에 태어났다는 사실은 단순한 한 언론의 출범만이 아니다. 건국 이래 부산에서 일어난 최초의 여성계의 창조적 몸짓이며 가장 공리적인 여권 극대화에 이르는 길이라 할 수 있다. 그리 용이하지만은 않았을 그 작업에 산파역을 맡은 관계자들을 진심으로 축하하고 격려한다. 부산여성신문의 발전은 부산 여성의 결집된 힘이며 지도자가 빈곤한 이 도시에 많은 여성 지도자가 속출될 수 있는 터전이 되어주고 다방면으로 능력 있고 훈련된 여성을 발굴해 내고 키워주는 구심점이 되는 토양을 일구어내야 한다."

참으로 의미 있고 반가운 메시지다. 돌아보니 그 말대로 하기 위해, 그리고 그렇게 되도록 부단히 노력해 왔고 최선을 다했다는 점에서 「부산여성신문」에게 스스로 격려의 박수를 보내고 싶다. 「부산여성신문」이 지난 25년여간 걸어온 길이 그랬다. 초창기 모두가 바라던 역할에 충실하고자 부단히 노력해 왔다. 그래서 뿌듯하고 부끄럽지 않다.

당시 관심 있는 지역의 많은 오피니언리더들은 여성 언론의 막중한 책임과 사명감을 강조했다. '구석구석 보통 여성들이 잘 볼 수 없고 들을 수 없었던 부분들을 훈련된 예리한 지성과 올바른 시각으로 정도를 지켜줘야 함은 물론 부산 여성들의 삶의 질과 윤리, 도덕, 그리고 높은 의식 향상을 위해 선도해야 할 의무가 있는 언론이라는 점을 한시도 잊어서는 안 된다'는 강도 높은 주문이 따랐다. 나는 부산 여성 언론의 역사와 함께하는 동안 주변의 이러한 당부와 요구를 한시도 잊어본 적이 없다.

창간 이래 수백 년의 역사를 이어오며 단 한 번도 거르지 않고 오늘날까지 맥을 이어가고 있는 영국의 「타임스」(1785년 창간), 1851년 창간한 미국의 「뉴욕타임스」, 1889년 창간한 세계적인 경제지 「월스트리트 저널」, 프랑스의 「코르시카신문」, 스웨덴의 「Post och Inrinkes Tidningan」(1645년 창간) 등은 그 지역민들의 식지 않는 열기와 애정, 신문인들의 축적된 지식과 도덕성, 정확성, 객관성이 신문의 생명력을 잇는 값진 영양소가 되었을 것이라는 세평이 있다.

갈수록 종이 신문의 가독률은 떨어지고 정보는 모바일과 온라인으로 빠르게 검색해 읽을 수 있으며, 이제는 영상으로도 만나는 게 익숙한 시대다. 종이 신문의 영향력과 생명력은 점점 옅어져 가고 있지만 나는 인류문명이 존재하는 한 기록매체는 영원할 것이며, 종이 신문 또한 종내는 살아 남으리라.

입사 석 달 만에
편집장 승진

　주간 「부산여성신문」은 매주 수·목요일 원고를 마감하고 목요일 오후부터 밤늦도록 외주 기획사에서 편집한 후 바로 다음 날 인쇄를 진행했다. 외주 편집에 따른 불편함으로 이후 사내에 매킨토시를 구비하여 내부에서 편집했지만, 창간 초창기에는 서구 토성동 소재 소문당(소문출판사)에 편집과 인쇄를 맡겨 작업을 했다. 그러고 보면 부산 서구는 「부산여성신문」이 태동한 산실이다. 밤새 편집 작업을 마친 신문은 윤전기를 돌아 활자로 인쇄되어 나왔는데 편집 마감 때는 날을 꼬박 새우다시피 했다. 시범 운전에서 나온 인쇄 질을 테스트하고 지면을 체크해야 퇴근할 수 있었다. 늦게까지 일하다 보면 피곤했지만 이상하게도 나는 인쇄소에서 맡는 잉크 냄새가 너무 좋아 그 시간을 즐겼다. 이렇게 일에 몰두하면 가정도 아이도 잊어버리는 경향이 있어서 늘 남편에게 핀잔을 들었다.

　갓 두 돌 된 어린아이가 있었던지라 늦게까지 근무하지 않아도 될 것 같은 일반 기자직으로 입사했지만, 어쩌다 편집장 몫까지 일을 하게 됐다. 초창기 편집장으로 조간신문「부산매일」출신의 박모 씨가 따로 있었다. 어느 날 원고 마감을 끝내고 보니 박 편집장이 혼자서 편집하느라 애를 먹는 듯해 마감 때 자청하여 편집 일을 도와주게 되었는데, 일손이 재빠르다 보니 점점 맡겨지는 일의 분량이 많아졌다. 취재하고 기사 쓰고 편집까지 하다 보니 일이 배로 늘어났지만 오히려 나는 당연하게 받아들였고, 기꺼이 협력했다. 새벽까지 남아있지 않아도 될 일을 끝까지 남아 기획사에서 편집 과정을 지켜보며 교정을 봤다. 마감이 있는 날은 늘 그렇게 늦었다. 돌이켜보면 그때 묵묵히 불평 없이 소임을 다했던 시절이 있었기에 오늘이 있다고 본다.

그런데 창간 2~3개월 만에 초대 편집장이 그만둘 수밖에 없는 사건이 발생했다. 광고와 기사가 상충하는 사건이 생긴 것이다. 하필이면 톱 기사가 그 주 타블로이드 양면 광고를 낸 광고주에게 누가 되는 내용으로 도배되어, 광고비 받기가 껄끄러운 민원이 발생했다. 이런저런 사유가 겹쳐 결국 편집장이 사표를 내면서 입사 3개월 만에 편집장으로 빠른 승진을 하게 됐다. 일복이 많은 것도 팔자인지, 절반으로 나누어 편집하던 것을 이제는 혼자 떠안아야 할 일이 되어버렸다.

초창기 신문 배송은 자체 디엠 발송 작업을 하여 우편 배송했다. 전문업체에 맡기기 전까지 매주 신문이 나올 때마다 온 직원들이 직접 우편 작업을 하고 주소별로 분류하여 우체국으로 직접 가져다주었다. 어린아이를 키우면서 직장 일까지 병행하자니 힘든 적도 많았지만 일은 즐거웠다.

신문은 야심 차게 출항했지만 매주 발간해 나가는 과정이 여간 힘든 게 아니었다. 지역경제 여건 또한 침체에서 벗어나지 못하고 있어 광고 상황도 매우 좋지 못했다. 그렇게 2년여 시간이 흐를 무렵 초대 창간 발행인이셨던 윤원호 회장이 정치계로 진출한 것을 계기로 2002년 무렵 고 하계순 (재)실로암공원묘원 이사장이 신문사 지분을 인수했다. 윤 전 회장님은 지역경제 살리기의 일환으로 정치계에 투신했다. 영남권에서는 모두가 외면하는 민주당에 입당해 부산시지부장을 맡았는데, 부산지역 현안 해결을 위해 지역 정서와는 상반된 민주당에 투신했다. 고 김대중 대통령 집권 시절이었으니 지역 경제 살리기와 삼성차 부산 유치, 낙동강 물 문제 등과 같은 현안 해결을 위해서는 집권당의 협조가 있어야 했던 것이다. 당신으로서는 희생적 선택이었다. 그렇게 회장으로 모시던 분은 정치인이 되었고 17대 국회에 입성했다.

윤 회장님은 정치적 성향은 다르지만 언제나 협조적이었고 내가 여성계에서 자리 잡아 가는 과정에 많은 도움이 되어

준 분이다. 오너와 직원으로 만난 사이지만 오랫동안 사회의 엄마 같은 사람으로 의리와 정을 나누고 있다. 더욱 고마운 것은 나의 정치적 성향을 있는 그대로 지지하고 격려하고 성원해 준다는 점이다. 비록 정치적인 면에서는 다른 길을 걷고 있지만 언제나 나의 선택을 존중해 주신다. 나도 그런 회장님을 누가 뭐라 해도 존경하고 사랑한다. 어려울 때 한솥밥을 먹은 가족으로서 끈끈한 정과 고마움을 평생 잊지 않고 있기 때문이다.

정치가 인간적인 관계까지 무너뜨리는 파괴적 장치가 되어서는 안 된다. 오랫동안 믿어주고 인정해 준 윤 회장님께 늘 감사한 마음이다.

부산여성뉴스의
탄생

아직도 많이들 헷갈려 한다. 부산여성신문이에요? 부산여성뉴스가 맞아요?

답을 말하자면 결과적으로 둘 다 맞다. 1999년 4월 창간한 「부산여성신문」이 2009년 2월을 마지막으로 휴간한 후 6개월간의 휴식기를 거쳐 그해 9월 부산시에 새롭게 등록을 마치고 '부산여성뉴스'라는 제호로 재출발했기 때문이다. 이어 2018년 부산여성뉴스는 법인 명칭은 그대로 두고 다시 제호를 「부산여성신문」으로 복귀시켜 지금에 이르고 있다.

여기엔 일련의 사연과 사정이 따른다. 창간 발행인이었던 윤원호 회장이 정치권으로 나가면서 故 하계순 전 실로암공원묘원 이사장에게로 경영 지분을 넘기면서 대표자가 변경되었다. 이후 하계순 회장이 돌아가시고 아들 이형주 사장이 「부산여성신문」의 경영을 도맡아 오던 중 여성 언론의 환경이 나아질 기미도 없고 자생력을 갖기도 어렵자 휴간을 결정한 것이다.

밑 빠진 독에 물 붓기식의 지역 여성 언론 환경은 지금도 마찬가지다. 하지만 15년 전 그동안 10년간 쌓아온 지역 여성 언론이 하루아침에 사라진다고 생각하니 구축해 온 모든 인프라가 아깝고 안타까운 마음에 잠을 이룰 수가 없었다. 여성 발전의 변화를 두 눈으로 목도했고, 정책의 변화를 이끄는 현장에서 여론을 선도하며 책임 있는 언론의 역할을 다해 왔던지라 그간의 역사가 이대로 사장된다는 게 너무나 아쉽고 안타까웠다. 독자들과의 약속도 마음에 걸렸고, 취재하며 만난 한 사람 한 사람 모두에게 미안하기 그지 없었다.

그러나 당시 매월 누적되는 인쇄비, 임금, 운영비 등등 수입 대비 지출이 큰 적자 상태에서 운영을 지속하기란, 경영자 입장이라면 누구나 과감한 결정을 내릴 수밖에 없을 것이다. 아무리 모회사가 탄탄한 기업이라 하더라도 계속해서 수천만 원씩 투자하기란 쉽지 않은 일이었다. 당시 최고경영자의 결정에 순응하며 폐간과 다름없는 휴간 수순을 밟고 보니 허탈한 마음뿐이었다.

그래서 휴간 6개월 동안 하루도 빠짐없이 다짐한 것이 반드시 복간하리라는 다부진 각오였다. 지난 10년간 만나온 사람들이 떠올랐다. 지면에서 더 빛을 발했던 그들의 삶과 높은 허들을 넘고자 용기 있게 도전했던 여성들, 이웃에 헌신하며 산 아름다운 이웃들, 돌아보니 참 좋은 사람들이 어서 다시 시작하라고 용기를 북돋워 주는 것 같았다.

여성신문은 여성문제를 주로 다루긴 하지만, 따뜻한 사람 이야기가 주된 흐름이다. 성별을 떠나 우리의 삶 속에서 어느 하나 문제는 없을 수가 없듯 그중에 여성신문은 여성문제를 놓고 개선과 해법을 모색하는 여론 형성에 비중을 두고 있을 뿐, 보다 중요한 것은 여성들의 활동상을 알리고 여성 관련 정보를 교류하는 정보교류의 산실이라는 점이다. 때문에 세상의 팍팍한 소식보다 힘이 되고 용기를 얻는 밝고 희망찬 소식을 전하고자 하는 데 더 가치를 둬 왔다. 그 바탕 아래 지면을 채워 온 다양한 사람과 소식은 지금 돌아봐도 유익하고 흐뭇하다.

다시 15년 전 재창간 즈음으로 돌아가 6개월의 공백 기간 마음고생을 얘기하려 한다. 당시 임금은 연봉제 계약에 따라 월급 안에 퇴직금까지 포함돼 있다는 계산법이 적용돼, 회사를 그만두더라도 퇴직금이라는 게 없었다. 10년을 일했지만 휴간할 땐 퇴직금 없이 무일푼으로 쉬어야만 했다. 법이 그래서 그러려니 순응해야 했다.

다행히 놀고먹을 팔자는 아니었는지 부산은행 티켓링크 사이트 '팝부산'을 구축하는 블루로봇이라는 IT회사에서 웹매거진과 팝부산 콘텐츠 구축에 도움을 달라는 요청을 해왔다. 대학생 기자들을 교육하고 양성해 웹매거진을 다채롭게 구축했다. 4개월 남짓 일했을까. 웬만큼 맡은 역할을 끝내고 본격적으로 재창간 준비를 서두르기 시작한 게 그해 8월이다. 나는 뭔가 계획을 하면

빠르게 속전속결 추진하는 경향이 있다. 당시에는 잘 모르는데, 돌아보면 "어? 이런 일을 불과 한 달 만에 했다고?" 하며 스스로 놀랄 때가 많다. 길을 가다가도 밥을 먹다가도 잠을 자다가도 은 연중 끊임없이 생각은 하고 있었을 터. 그런 생각과 에너지가 모여 아이디어가 되고 기획이 되어 계획의 완성을 이루는지도 모른다.

어쨌든 2009년 9월 20일 정기간행물 등록을 마치고 본격적으로 재창간 준비에 나섰다. 준비 한 달 만이다. 서너 달 아르바이트 한 돈으로 무슨 사무실을 얻고 신문사를 차리겠는가마는 간 크게도 나는 신문 발간을 위한 등록부터 해놓았다. 저질러 놓고 보면 후속은 추진되기 마련이라는 걸 믿기 때문이다. 그리고 '불가능은 없다'는 개인적 신념은 언제나 놀라운 결과를 만들어냈다. 믿는 구석이라면 스스로의 확신뿐이었다.

사실 제호부터 많은 고민을 했다. 기존의 「부산여성신문」 은 휴간이지 폐간이 아니기 때문에 경영승계를 위해서는 지분을 사야 했다. 안타깝게도 당시의 지분은 제3자가 매입해서 제호권을 갖고 있던 상황이었기 때문에, 비록 신문을 발행하지는 않아도 기존의 제호를 쓸 수가 없었다. 그래서 비슷하지만 기존 독자들에게 쉽게 어필할 수 있는 명칭을 고심했고 영문 표기로는 똑같지만 상표 등록에는 저촉이 되지 않는 '부산여성뉴스'로 제호를 등록했다. 부산여성뉴스는 그렇게 탄생했다.

우여곡절 끝에 얻은
임대 사무실

정기간행물 등록을 마치고 다음 순서는 사무실을 구하는 일이었다. 아르바이트를 통해 긴급히 모은 자금과 직장생활을 하면서 조금씩 모아놓은 몇 푼으로 제대로 된 사무실을 구하기란 녹록지 않았기 때문에, 최대한 비용이 들지 않는 쪽으로 방법을 강구할 수밖에 없었다.

당시 알고 지내던 지인 소유의 40년 넘은 건물이 서면 로타리에서 전포동 방면에 있었는데, 다행히 비어있다는 얘길 들었다. 다만 자식들에게 재산을 증여해서 주고 싶어도 권한이 없다며 건물을 관리하는 딸에게 직접 물어보라고 했다. 90여 평 되는 건물 중 4층이 공실인데 사실 평수가 너무 커서 부담스럽기도 했다. 하지만 서면 로타리 도심 한가운데라는 지리적 위치가 좋아 임대를 하고자 건물주를 방문했다.

얼굴도 뵌 적 없는 낯 모르는 건물주를 찾아가 사정을 얘기하자니 참으로 난감하고 입이 떨어지지 않았다. 그래도 비빌 언덕이 없으니 용기를 내 사정이라도 해보자는 마음이었다. 한참을 설득하고 사정을 설명하며 호소한 결과 겨우 승낙을 받았다. 그렇게 보증금 500만 원, 월 80만 원에 임대 계약이 이뤄졌다.

막상 사무실을 구하고 보니 문제가 많았다. 오래된 건물이라 계단이 너무 좁고 가팔랐고, 건물 내부 사무실 바닥과 벽지는 낡아서 손을 보지 않으면 안 되었다. 알고 지내던 박양미 홈스타일리스트에게 의뢰해 적은 비용으로 공사를 시작했다. 낡은 바닥을 다 걷어내고 벽지도 뜯어냈다. 도배를 새로 하고 창문도 깔끔하게 손질하여 연한 살굿빛 블라인드 설치까지 깔끔하게 마무리 해놓고 보니 봐줄 만했다.

청소와 간단한 인테리어 공사에 1~2주, 내부 공사를 끝내고 중고 사무기기매장에 들러 알뜰하게 골라 사무집기를 들여놓고 나니 총 3주가 흐른 후였다. 일주일만 더 있으면 아무것도 한 것도 없이 한 달 임대료를 내는 날이었다. 책상 앞에 앉아서 곰곰이 생각해 보니 도저히 오래 있을 만한 환경이 아니라는 생각이 들었다.

지역 여성 오피니언 리더들과 함께 신문을 만들어 가겠다는 당찬 각오로 계획을 세우고 운영진을 구성해 놓았는데, 나이 드신 여성위원들을 엘리베이터도 없는 이 가파른 상가건물을 오르내리게 할 수 없는 노릇이었다. 이곳이 여성들의 사랑방 역할을 하도록 하겠다는 각오로 편안하고 포근한 공간을 만들고 싶

없는데, 환경은 전혀 그렇지 못했다. 1층에서 짜장면 기름 냄새가 수시로 올라오고 굶주린 바퀴벌레들이 먹잇감을 찾아 벽을 타고 수시로 건물을 오르내리는 오래된 상가건물에서 더군다나 지저분한 수세식 옛날 화장실을 도저히 사용하게 할 수 없을 것 같았다. 결단을 내려야 할 순간이었다.

사정을 얘기했더니 다행히 건물주가 들어주었다. 임대 계약 후 한 달을 며칠 남겨두지 않은 시점에 건물주에게 양해를 구해 보증금을 반환받았다. 사실 건물주로서는 손해 볼 게 없었다. 건물을 깨끗하게 수리해 주고 한 달 임대료도 줬으니 마다할 이유는 없었을 것이다.

임대 3~4주 안에 벌어진 이 버라이어티한 사건들을 뒤로하고 다시 1주일 안에 새로운 사무실을 구해 이사를 가야 했다. 신문을 펼쳐놓고 작업을 해야 하기에 가장 신경 써서 마련했던 큰 중역 책상이 있었던지라 좁은 계단을 통해 옮기는 것은 무리였다. 4층의 집기를 모두 옮기기 위해서는 사다리차를 대여해야 했다. 집기를 넣느라 애먹던 게 불과 엊그제 같은데 또다시 이사할 생각을 하니 기가 찼다. 그래도 어쩌랴. 아니라고 생각되면 즉각 대안을 찾아 실행에 옮기고, 늦었다 생각될 때 곧바로 실행에 옮기는 게 낫다고 생각하는 게 평소 나의 소신일진대.

새 출발 새로운 도전의 안식처
'동구'

그 순간 왜 동구 초량동이 떠올랐을까. 부산여성신문이 1999년 서구 토성동 지하철 인근 부평동 골든 오피스텔에서 처음 둥지를 튼 후 대주주가 바뀌고 2002년 동구 초량동 해봉빌딩에서 새로운 시대를 열었던 기억이 떠올랐다. 기억 속의 초량동은 따뜻하고 푸근했다. 무엇보다 역세권이라 좋았다. 새로운 시작은 동구에서 하겠다는 귀향 본능 같은 마음으로 초량동 일대 임대 사무실을 찾아 나섰다. 그렇게 해서 임대한 사무실이 초량동 지하철역 8번 출구 앞 부경빌딩 8층이었다.

건물주가 워낙 깔끔해서 엘리베이터 안 손잡이와 비상계단 출구 난간까지 먼지 하나 없이 반짝거리는 깨끗한 건물이었다. 음식물도 건물 반입이 일체 금지되어 있었고 화장실의 위생 상태도 너무나 청결해서 이곳이 최적지다 싶었다.

일본 무역업을 하는 건물주는 오디오광으로, 음악을 크게 쾅쾅 틀어놓고 즐기는 게 취미라서 옆 사무실에 임대를 놓으면

방해될까 봐 그동안 임대를 내놓지 않았다고 했다. 임대 조건은 음악을 크게 틀어놓아도 괜찮은지 여부였다. 오디오가 없는 우리로서는 고급 기기에서 클래식 음악까지 감상할 수 있으니 그야말로 땡큐였다. 내친김에 어렵사리 임대 조건도 협상을 봤다. 직전 임대 사무실 조건과 같이, 보증금 500만 원과 1년간 자리 잡을 때까지 만이라도 월 80만 원 임대료를 지불하겠다고 했다. 공과금 주차료 등은 별도로 지불하기로 하고 임대했다.

2009년 10월 20일, 「부산여성신문」 초량동 시대가 우여곡절 끝에 막을 올렸다. 전화와 팩스를 신청하고 회의 탁자와 참고도서 책장을 꾸미고 소파를 놓고 액자도 걸었다. 전해수 전 부산노인연합회장님이 써준 '양성평등구현' 휘호도 대형 액자에서 찬란하게 빛났다. 멀리 보이는 북항의 붉은 크레인이 푸른 바다와 대비를 이루며 해양물류도시의 역동적인 에너지가 전해왔다.

힘이 절로 나는 공간에서 창간 준비를 서둘렀다. 당시만 해도 이메일 공문보다 팩스에 의존했던 시절이라 팩스가 개설되기 전까지 협조공문부터 만드는 데 주력했고, 창간 당시 명예기자로 함께했던 김애라 기자와 부경대 학생인턴기자, 그리고 대구에서 멀쩡하게 직장을 잘 다니고 있던 동생을 불러들여 창간 준비에 가세하도록 했다.

10월 30일이 되어서야 겨우 팩스가 깔렸고 인터넷도 원만하게 가동됐다. D-데이는 11월 22일. 불과 3주밖에 남지 않은 시간을 두고 빡빡한 스케줄을 초인적으로 처리해 나갔다. 우선 창간 특집호를 먼저 기획하고 취재와 편집, 광고, 44페이지에 이르는 특집호에 만전을 기했다.

창간 기념행사 준비에도 박차를 가했다. 지금 생각해도 아찔하다. 예전의 「부산여성신문」이 다시 부활한다는 것을 지역사회에 알리기 위해 양대 부산지역 일간지 「부산일보」와 「국제신문」에 5단 광고를 냈다. 1,000명의 창간 발기인의 동의를 구해 명단을 신문에 게재했고, 동의를 구하려 일일이 전화하는 일도 만만찮았다. 편집위원과 고문, 운영위원, 자문위원 등 체계적 시스템도 구축했다. 각 기관장과 전국 주요 인사에게서 축사도 받아 지면에 실었다. 물론 모든 것은 내 손을 거쳤다. 44페이지를 직접 편집하고 레이아웃과 제목을 선정했다. 외부 원고도 청탁해 구색을 갖췄다. 그렇게 해서 탄생한 신문이 "하나 되는 여성, 하면 되는 여성, 창조하는 여성"을 슬로건으로 출발한 '부산여성뉴스'다.

직접 정한 슬로건은 그동안 여성계 활동을 하면서 느껴온 바람과 소회들이 담긴 희망사항이기도 했다. '여적녀'가 아닌, 여성이 여성을 돕고 화합하는 여성이 되기를, 여성의 잠재적 에너지가 발휘되고 사회에 참여하고 기여하기를, 모성이 갖춘 특유의 에너지로 새로운 것들을 만들어 내고 그 창조적 능력이 유용하게 사회에 활용되기를 기원하며 설정한 슬로건이었다. 그렇게 다시 출발한 여성신문이 지금에 이르고 있다.

박차정여성운동가상 제정

다시 출발한 부산여성뉴스 창간 기념행사는 부산 중구 영주동 코모도호텔에서 400여 명 가까운 내빈들이 참석한 가운데 성대하게 열렸다. 재창간 1년을 기념할 기념비적인 사업으로 영남권 지역 최초 상금이 수여되는 여성상을 제정했다. 영남권 유일 여성운동가상인 '박차정여성운동가상'이다. 박차정(1910~1944) 의사의 애국애족 정신을 기리고 이를 현대에 맞게 계승하여 사회의 각 영역에서 최소 20년 이상 꾸준히 활동하며 여성과 지역사회 발전에 기여한 공로가 큰 여성 지도자를 발굴, 시상하는 상이다.

박차정 의사는 여성 독립운동가 중 의사 호칭이 붙은 유일한 인물이다. 과거에는 이념적인 문제로 제대로 조명받지 못하다가 1995년 8월 15일 건국 훈장 독립장이 추서되면서 업적을 인정받기 시작했다. 이후 1996년 8월 (사)박차정의사숭모회가 설립되어 기념사업을 전개하고 있다. 2001년 부산 금정구 만남의 광장에 박차정 동상이 건립되었고, 박차정 의사의 순수한 나라 사랑과 독립운동이 재조명되면서 방치되다시피 했던 동래구 칠산동 소재의 박차정 의사 생가도 복원·건립됐다.

역사를 기록하는 자들이 대부분 남성이다 보니 역사 속 여성들은 제대로 조명되지 못하는 경우가 많았다. 물론 여성적 시각에서 다루어지지도 않았다. 비교적 근현대 여성 인물임에도 박차정 의사가 제대로 조명되지 못했던 것은 남편 김원봉의 월북과 최고인민회의 활동 등이 영향을 미쳤다고 본다.

일제강점기 박차정 의사의 활약만 떼 놓고 보면 독립운동가 집안에서 가족의 영향을 받아 항일의식이 대단했던 여성이다. 동래일신여학교 시절 일제에 항거해 동맹휴교를 주동하는 등 일제강점기 대표적인 여성운동 단체인 근우회 활동을 하며 여성운동과 민족운동을 주도했다. 1929년 광주학생운동 이후 서울 여학생만세운동을 배후에서 지도하고, 구속된 여학생들 석방을 위해 시내 각 여학교의 시위를 주도하는 혐의로 구속되었다. 이후 중국으로 망명해 활동했다.

1935년 중국 난징에서 결성된 조선민족혁명당에서 남경조선부녀회를 결성하고, 여성들을 민족 해방 운동에 편입하는 활동을 전개하기도 했다. 1938년 조선민족전선연맹 산하 조선의용대가 창설되자 조선의용대 부녀복무단의 단장을 맡아 활동하였고, 1939년 2월 강서성(江西省) 곤륜산(崑崙山) 전투에 참전

했다가 부상 후유증으로 1944년 5월 27일 34세의 나이로 생을 마감했다. 박차정은 이처럼 독립운동의 단순 조력자가 아니라 투사이자 전사로 활약했던 현장의 독립운동가였기에 '의사' 호칭이 붙을 수 있었다.

나라의 광복을 보지도 못하고 생을 마감한 박차정의 짧은 인생은 나라 사랑과 구국일념으로 가득했다. 그런 박차정 의사가 역사 속에서 빛을 발하지 못하고 그 공적이 제대로 인정받지 못해왔던 것은 안타까운 일이다. 지금은 누구나 그의 공적을 인정하고 훌륭하게 평가하고 있으니 얼마나 다행스러운지.

남편이자 동지인 김원봉이 박차정 의사 사후 유골을 품에 안고 와 자신의 고향인 밀양에 묘를 쓰면서 그곳에 안착했지만 박차정 의사는 엄연히 부산 동래에서 태어난 부산 사람이다. 부산 여성들의 의로운 기개는 이렇게 앞서간 훌륭한 여성 지도자들의 영향이 있었기 때문일 테다. 그런 훌륭한 인적 자산을 두고도 아무도 기념하지 않고 여성들조차 외면해서는 안 될 일이다. 정의로운 부산 여성들의 정신과 가장 부합된 인물 중 대표적인 박차정 의사를 기리는 '박차정여성운동가상'은 그렇게 제정됐고, 올해로 제정 13년째를 맞았다. 그동안 9명의 여성 지도자가 이 상을 받았다. 코로나 시기를 거치면서 3년여간 중단된 탓이다.

'박차정여성운동가상'의 역대 수상자는 제1회 김문숙 부산정대협회장, 제2회 이말선 사단법인 한국사회복지연구소 회장, 제3회 고 김수옥 사단법인여성정책연구소 전 이사장, 제4회 17대 국회의원인 윤원호 한국여성의정 전 상임대표, 제5회 전상수 전 부산여성가족개발원 원장, 제6회 이송희 신라대 역사문화학과 교수, 제7회 고 정남이 부산여대 총장, 제8회 박동순 학교법인 동서학원 이사장, 제9회 김래연 성은의료재단 연산병원 원장 등이다.

나는 개인적으로 이 상이 계속 이어지기를 바란다. 여성 활동가들의 사기를 진작하고 긍지를 심어주는 보람의 증표가 되기를 바란다. 자신밖에 모르고 점점 각박해지는 세태에 공익을 위해 기꺼이 투신할 줄 아는 후대 여성 지도자들이 계속 배출되기를 염원한다.

예비 여성 지도자들이 나라가 어려울 때 온 몸을 던져 희생했던 여성 선각자들이 있었음을 잊지 않기를 바라며, 제2의 제3의 박차정 의사가 계속 이어지길 바란다.

양성평등문화 정착을 위한 노력

「부산여성신문」을 재창간 후 매년 11월이면 창간 기념식을 갖고 박차정여성운동가상과 여성발전디딤돌 의정상 기업상 등을 시상, 여성들의 활동을 진작하고 여성 발전을 위한 관심 제고와 지역사회 분위기 조성을 위해 노력해 왔다.

여성 매체로서 기본적인 신문 발간 사업 외에도 사회적 기여와 여성 발전을 위한 일들은 마땅한 역할이자 늘 고민하는 부분이다.

창간 이후 계속해서 추진해 오고 있는 사업이 매년 양성평등 주간을 맞아 실시해 온 '양성평등 실천 가족사랑 걷기대회'였다. 사회적 이슈에 대응하고자 여성계와 연대해 기자회견을 열거나 성명서를 내고, 토론회·좌담회·세미나 등을 통해 문제해결 방안을 모색하거나 여론을 수렴하기도 했다. 여성주의 매체는 일종의 운동적 성향을 갖고 있기에 때로는 NGO 기능에도 충실해 왔다. 대안모색과 사회변화를 위해 노력하는 점에서 보면 여느 시민단체와 다를 바 없다. 그래서인지 몰라도 기존 일간지와 방송매체에서 여성 언론의 역할과 사업들을 적극적으로 보도해 주고 있어 고맙고 감사하게 여긴다.

여성 신문의 여러 사업 중에서도 '우먼라이브러리 토크콘서트'는 개인적으로 참 재미있고 흥미로운 콘텐츠였다. 기회만 있다면 계속해서 이어가고 싶은 행사였다. 어린 자녀를 양육 중인 여성들의 스트레스를 풀어주고 양육으로 단절된 경력을 다시 이어갈 수 있도록 동기부여의 기회가 되어주고 싶었다. 시나브로 터져 나오는 다양한 여성 관련 사건들에 대해 의견을 나누는 소통의 장이었던 이 행사는, 때때로 골목골목 찾아가는 토크콘서트로 워킹맘과 워킹대디들의 참여를 이끌고 일·생활 균형을 정착시키는 데 기여하고자 한 행사였다.

'우먼라이브러리 토크콘서트'라는 이름은 사상구 괘법동 여성 친화공간에 있는 우먼라이브러리에서 처음 시작하여 붙여진 이름이다. 음식에 얽힌 사연이나 제시되는 단어를 통해 추억을 상기하고 참석자가 주인공이 되어 대화를 이어 나가는 열린 토크쇼 형태로 진행, 반응이 좋았다. 당시 신문사가 사상구에 소재해 있었기에 사상구와 협력해서 행사를 추진했다. 장소와 비품 지원 등 예산의 일부를 지원해 준 덕분에 3회차까지 이어 갈 수 있었다. 그러나 별도의 예산을 들여가며 매달 이어 나가기에는 인력과 예산 등 여러 가지로 무리가 있었다. 결국 토크쇼는 당시 한창 미투로 세상이 시끄러울 때 미투 관련 소소한 피해 사례를 나누고 근절을 위한 의견을 나누는 것을 끝으로 종료되었다. 매우 아쉽다.

이어 젊은 인구의 부산 유출을 막기 위해 부산에 대한 긍정적 이미지를 심어줄 방법을 고민하다 '여기, 살자 부산 토크 콘서트'를 기획했다. 이 아이디어는 원래 부산지역 저출산 극복을 위한 출산장려 시민 아이디어 공모에서 최우수 아이디어로 선정된 것이었다. 그러나 선정만 하고 후속타가 없는 게 아쉬워서 「부산여성신문」이 직접 세부 행사를 기획해 실행에 옮겼다. 첫 해 행사는 문현금융단지 BNK금융그룹 부산은행 강당에서 500여 명이 참석한 가운데 성황리에 개최되었다.

늦은 결혼과 일자리 문제로 좀처럼 회복되지 않고 있는 최하위 수준의 합계 출산율, 일자리를 찾아 역외로 유출되는 인구 문제 등 당면한 우리 지역의 문제를 참가자들이 함께 터놓고 이야기하며 해법을 모색하고 싶었다. 총 2시간 동안 진행된 토크쇼는 젊은이들을 중심으로 서서히 확산 중인, 독특하면서도 저예산으로 주목받는 진화된 결혼식의 단면을 소개하는 동영상 시청으로 시작되었다. 이어 문현금융단지 내 공기업 직장인 새내기 부부가 '여기살자 부산 해피헌장'을 낭독했고, 본행사인 토크쇼에서는 부산이 좋아 부산에서 살아가는 국제결혼 부부 등 다양한 부부들과 이야기를 나누었다.

시종일관 흥미로웠던 이날 행사의 사회는 KNN 라디오 〈미씨타임〉 진행자로 청취자들의 사랑을 받았던 유정임 FM 90.5 부산영어방송 〈브라보 마이라이프〉 진행자와 SBS 〈붕어빵〉, MBC 〈인생은 시트콤〉의 개그맨 홍인규가 맡았다. 두 분은 즉석에서 참가자들의 흥미진진하고 생생한 스토리를 유쾌하게 이끌어 냈다.

토크쇼는 총 3부로 진행됐다. 1부 '글로벌 부산'은 스코틀랜드 출신 방송인 로라 맥커키 부부와 부산 남자에 반해 결혼한 중국댁 장리 부부의 부산살이를, 2부 '여기 부산'에서는 부산의 대표 가족친화기업 선보공업주식회사 김광수 박경은 새내기 부부의 출산·양육·이야기를 들어보는 시간으로 구성했다. 3부 '여기, 살자'에서는 방청객들이 입장 전 나누어 받은 사연 쪽지에 더해, 당일 제시한 짧은 화두를 주제로 스토리를 담아 진행자들이 사연을 공개하는 형태로 참가자가 주인공이 되는 소통의 자리를 연출했다.

특히 이날 행사에는 SBS 〈신의 목소리〉에서 3연승을 거머쥔 아이돌 출신 가수 방효준 씨가 출연해 '신의 목소리'를 감상할 라이브 공연을 펼쳤다. 또한 팝페라 공연과 여고생들이 직접 디자인하고 만든 한복 작품 패션쇼도 무대를 멋지게 장식했다.

모든 행사는 우리가 자체 기획하고 추진했다. 지금 생각해 보면 어떻게 치러냈는지 놀랍다. 나는 주로 행사의 질과 완성도에 집중하는 편이다. 행사를 위한 행사보다 행사의 실효성에 더 주안점을 두고 선한 영향력을 미치길 원했다. 그래서 늘 마지막에는 예산을 오버하여 마이너스가 됐지만, 보람은 컸다.

이듬해 '여기 살자 부산 토크콘서트'는 서부산 쪽으로 옮겨 사상구 육아종합지원센터에서 색다른 기획으로 열었다. 아이와 엄마아빠가 함께 참여하는 행사였다. 젖먹이 갓난아기부터 조부모에 이르기까지 가족들이 참여한 육아토크쇼는 맨바닥에 아이들이 뒹굴고 뛰노는 그야말로 자유로운 분위기에서 열렸다.

우리 이웃의 결혼과 임신, 출산, 육아 이야기를 터놓고 나누어 보는 시간으로, 도대체 왜 자녀를 더 낳기 꺼리는지 무엇이 문제인지 들어볼 수 있는 자리였다. 결혼과 임신, 출산, 육아로 지친 여성들이 마음껏 끼를 발산한 '내 맘대로 패션쇼' 무대는 워킹맘들에게 힐링의 시간이 되었고, 워킹대디들의 힙합댄스와 보컬그룹 축하공연은 함께하는 육아문화를 만들어 가는 데 일조했다.

이러한 사업들 대부분 양성평등보조금사업으로 추진되다 보니 사실상 연속성이 없는 게 단점이다. 10여 년간 운영되던 '양성평등 실현을 위한 가족사랑실천 걷기대회'는 매년 손꼽아 기다리는 시민들이 있을 정도로 사랑받은 행사였지만, 오거돈 시정이 출발한 이후부터 3년 이상 같은 이름으로 사업을 계속할 수 없다는 규정에 묶여 코로나19 이전에 종료되고 말았다.

이에 자체 예산을 들여 새롭게 기획해 추진한 행사가 '워킹맘 페스티벌'이었다. 오로지 여성들만을 위한 축제의 장이다. 행사장인 어린이대공원에 어르신들이 많이 오시는 걸 감안해 고부

갈등을 주제로 '동치미 토크쇼'를 열었고, 하이힐을 신고 뽐내며 무대를 걷는 '거침없이 하이킥 당당한 워킹쇼'는 사전 신청자를 받아 무대에 세웠다. 마당을 펼쳐주니 끼 넘치는 여성들에 무대가 좁았다. 세대를 초월한 시니어들의 '궁중복 패션쇼' 무대도 눈길을 끌었고 프리마켓, 일일놀이방 운영으로 아이들도 신나는 하루가 되었다.

이렇게 이어온 양성평등주간 여성페스티벌은 2년 전부터 '웹툰으로 만나는 양성평등 이야기'로 변경해 열고 있다. 역사 속 걸출한 삶을 살다 간 부산 출신 여성 선각자들의 삶을 재조명하고, 이들의 일대기를 4컷 웹툰으로 담아내 시민들과 친숙하게 만나고 알리는 전시회를 연다.

이와 함께 우리 곁의 양성평등이 어디까지 왔는지, 시민사회는 어떻게 인식하고 있는지 세대를 초월한 학생과 일반인 대상 '양성평등 웹툰 공모전'도 2023년 처음 실시해 당선작 전시회를 열었다. 이 또한 새롭게 시도하는 만큼 힘들지만 반응은 매우 좋았다.

다만 아쉬운 것은 이러한 행사들이 행사를 위한 행사가 되지 않아야 한다는 것이다. 그러려면 경우에 따라 연속성과 꾸준함이 있어야 인식 개선에도 도움이 되고 실효성이 있는 법이다. 하지만 시민들의 반응이 좋은 사업도 동일 행사 명칭의 3년 연속 제한제 규정에 묶여 계속해서 진행할 수 있을지 의문이다. 이 규정은 손을 볼 필요가 있다.

한국여성의정의
역사 한 편에서

한국여성의정은 여성의 정치적 대표성 확대와 건강한 정치문화 발전을 위해 2013년 설립한 국회의장 산하 법인이다.

제헌 이후 현재까지의 여야 전·현직 여성 국회의원들이 참여해 의정 경험과 전문성을 바탕으로 여성 정치인의 역량 강화와 예비 정치인 발굴·육성을 위해 힘쓰고 있다. 또한 여성의 정치 환경과 법·제도 개선 등 여성정책조사·연구를 통해 여성의 정치적 대표성 확대를 위해 노력해왔다.

우리나라 정치 현실에서 여성 국회의원들이 다선을 하기란 쉽지 않고 실제 3선 이상의 여성 국회의원도 몇 명 되지 않는다. 비례대표로 국회에 진입했던 여성의원들도 임기 후 지역구에서 도전하여 재선에 성공한 사례가 흔치 않을 뿐더러, 공천을 받기도 녹록지 않다. 그러다 보니 의정 경험을 바탕으로 국가와 지역사회를 위해 기여할 공적 기회가 흔치 않았다. 한국여성의정은 이처럼 여성 국회의원들의 의정 경험을 후배 여성 정치인들과 공유하고 모두가 행복한 양성평등사회 실현을 위해 전직 여성 국회의원들(주로 17대 여성 국회의원)이 중심이 되어 설립되었다.

그렇다고 전직 여성 국회의원들만의 전유물은 아니다. 4년만 지나면 현직이 전직이 되는 비율이 많다 보니 여성 국회의원들은 여성 발전을 위해 안팎에서 서로 협력을 도모할 필요가 있었다. 이렇게 출발한 한국여성의정은 국회의원회관 942호에 둥지를 틀고 그동안 여성정책과 여성 관련 법률의 제정 등에 크게 기여해 왔다. 특히 여성 정치인 발굴과 육성 등 여성의 정치참여 확대를 위해 노력해 온 과정들을 보면 국회의원 몇 명과도 같은 막중한 역할을 담당해 왔다고 볼 수 있다.

한국여성의정이 여성 발전을 위해 다채로운 여성 관련 사업들을 추진하고 정책 연구와 제도 개선을 위해 노력해 온 부분 중에서도 대표적인 것이 정치학교 운영과 발간 사업이다. 나는 비록 전·현직 국회의원은 아니었지만 운 좋게 이 역사의 과정에 지난 7~8년여간 함께 해올 수 있어서 참으로 뿌듯하고 보람 있게 생각한다.

전·현직 여성 국회의원 각 2명씩 4명이 공동대표를 맡고 있지만 실무는 시간적 여유와 역량이 있는 전직 의원이 상임대표를 맡아 이끄는 구조다. 그리고 서울, 부산, 경기, 인천, 대전 등 각 지역별 전직 여성 국회의원들이 주축이 되어 지역별 정치학교(초창기에는 '아카데미')를 운영하는 형태다. 지역 정치학교를 이끌어 가는 교장은 전직 여성 국회의원이고 정치학교 운영은 지역 정치학교와 MOU를 맺은 기관 또는 단체가 사업을 수행해 나갈 수 있도록 하고 있다.

부산의 경우 17대 국회의원을 지낸 윤원호 전 의원이 초창기부터 지난 2022년 7월까지 부산 정치학교 교장을 지냈고, 사업수행은 협력 기관인 부산여성신문이 맡아 추진했기에, 내가 운영위원장을 맡아 부산 여성들의 정치역량 강화와 전문성 제고에 기여할 수 있었다. 신문 발간과 양성평등문화사업 등 신문사 자체의 각종 사업 추진 외에 별도로 부산 정치학교를 매년 이끌어가는 일은 쉽지 않았다. 기본 과정, 전문 과정을 운영하며 매번 수강생들을 모집하고 프로그램을 끌고 나가야 했다.

비록 힘든 일이었지만, 그런 과정에서 많은 예비 여성 정치인들을 만날 수 있었다. 또한 그렇게 양성한 예비 여성 정치인들 중 많은 여성들이 구의회나 시의회 등에 진입해 왕성한 역할을 하는 모습을 보면 참으로 뿌듯하고 보람이 크다.

서울과 부산을 오가며 각 지역 정치학교 운영 관계자들과 교류하며 정보를 공유하고 여성 발전을 논의하는 과정 또한 좋은 경험이 되었다. 국회의원회관을 드나들 때마다 심장이 뛰었다. 국회에서 이루어지는 각종 정책 토론회와 공청회 등 게시판에 붙은 벽보들의 법안 제목들을 보며 세상의 트렌드를 읽었고 다양한 의제들이 국민의 삶에 어떠한 영향을 미칠지도 나름대로 생각해 보는 자극의 기회가 되기도 했다. 하루 종일 국회의원회관에 머물러 있기만 해도 배울 게 참으로 많겠다는 생각이 들었다. 아울러 민생과 나라를 위해 한 사람 한 사람이 입법기관이 되어 막중한 역할을 하는 국회의원들이 얼마나 책임감 있게 중요한 역할을 해야 하는지도 실감할 수 있었다.

한국여성의정의 10여 년 역사에 함께 해올 수 있었음을 감사한다. 지역 여성 리더들이 지역사회와 나라 발전을 위해 일할 수 있도록 도전하고 자극이 될 기회를 제공할 수 있었다는 데 보람을 느낀다. 또한 여성의정 아카데미, 정치학교 운영 외에도 『여성의정 인물사』(16, 17대 여성국회의원 편) 편찬위원으로 참여해 역대 여성 국회의원을 인터뷰하고 집필하는 등 여성 정치 역사의 일부를 기록할 수 있어서 뿌듯하다.

그동안 여성의정은 과감하게 의제를 던져왔다. 남녀동수시대를 향해 남녀동수법 추진 등 당당한 여성의 권리를 외쳤고 법적 보장을 요구해 왔다. 그러나 이러한 노력에도 불구하고 아직 우리나라는 여성의 정치 참여 비율이 국회의 경우 19%에 불과하다. OECD 38개국 중 34위로 부끄러운 수준이다. 새천년 여성의 바람 운운하며 세상이 시끄러웠지만 2000년 이래 선출된 여성 국회의원도 전체 1,173명 중 200명에 불과했다.

여성계에서는 여전히 '배려', '할당'을 외치고 있지만 사실상 여성을 제한할 권한은 그 누구에게도 없다. 그럼에도 불구하고 이 사회는 아직도 여성은 비주류이고 정책 결정 과정에서 역할을 하지 못하고 있는 현실이다.

다행히 최근 당 안팎에서 혁신을 외치고 있다. 좋은 기류다. 진정으로 변화와 혁신을 원한다면 22대 총선에서부터 그 의지가 제대로 펼쳐지길 기대한다.

결혼은
미친 짓이다?

"혹시 결혼하셨어요?"

오십 중반의 나이에도 가끔 받는 질문이다. 나뿐만 아니라 사회에서 왕성하게 일하는 여성들 대부분 이런 질문을 종종 받으리라 본다.

"저렇게 왕성하게 활동하는 것을 보면 분명 혼자 사는 여자이거나 노처녀일 게 분명해."

우리나라 사람들은 보통 이런 선입견에 빠져 있기 때문이다. 그만큼 우리나라의 사회적 여건 자체가 여성이 일과 가정을 균형적으로 양립해 가며 성공적으로 사회활동을 하기 녹록지 않기 때문이다. 맞벌이 가정의 가사와 육아는 여전히 여성의 몫으로 떠맡겨지고 있다. 2022년 통계청의 맞벌이 가정 가사 분담 실태를 보면, 여성과 남성의 가사 분담률이 각각 76.1%와 21.3%로, 여전히 여성 쪽이 압도적으로 높다.

나 또한 예외는 아니었다. 아이들이 어릴 때는 매일 아침이 전쟁 같았다. 일찍 일어나 아이를 씻기고 먹이고 입혀서 출근 준비까지 다 마친 후 아이의 짐을 한 보따리 챙겨서 맡아줄 곳에 데려다주고 출근하려면, 그야말로 시작부터 헉헉거리기 십상이다. 맡은 일에 대한 책임을 다하고 가정을 건사하는 데 도움이 되기 위해서는 한시도 꾀를 부릴 수 없는 게 일하는 보통 여성의 현실이다.

이런 여건과 일상에서 워킹맘들이 직장 일을 제대로 하려면 가족의 협조가 절실히 필요하다. 특히 남편의 적극적인 협조 없이는 직장생활을 원만하게 하기가 쉽지 않다. 이른 출근을 해야 하는 날에는 남편이나 다른 가족이 대신 어린 자녀들을 챙기고, 늦은 퇴근에도 군소리 없이 기꺼이 내가 할 당연한 일로 받아들이며 남편들이 척척 도맡아 가사와 양육에 동참한다면 세상에 문제 될 게 없다. 그러나 우리의 현실이 어디 그런가.

정시 퇴근 시간에서 조금만 늦어도 입이 튀어나오고, 아내들을 불편하게 한다. 회식이나 모임이 있는 날은 서로가 잔뜩 긴장한다. 귀가를 독촉하는 전화가 빗발친다. 똑같이 일을 해도 퇴근 후 가사는 온통 여성의 몫이다. 그러니 언감생심 아이 둘 셋을 낳아 기를 수나 있겠는가.

결혼은 우리 사회를 존속시키는 가장 기본적인 기초 사회체계이긴 하지만 근본적으로는 사랑하는 사람이 함께 있고 싶고, 살고 싶어서 가족이라는 울타리 안에 서로를 가두어 놓고 사는 약속된 관계다. 그야말로 사랑하는 사람이 법적으로 공인받고 함께 살아가는 장치 이상도 이하도 아니다. 사랑해서 살지만 사랑이 빠지면 아무런 의미가 없기 때문이다. 법적으로 보장된 관계가 사랑을 담보하는 것이 아니라는 것을 우리는 너무나 잘 알고 있다. 대다수가 실감하듯 결혼 이후의 삶은 우리가 생각했던 것과는 너무나 다르다. 무엇보다 우리를 둘러싼 현실이 그리 낭만적이지 않기 때문이다. 육아 때문에, 교육 때문에, 결혼 때문에, 직장 때문에 갈등의 소지는 도처에 널렸고 싸울 거리도 넘친다.

수년 전 부산국제영화제 개막작으로 장이모우 감독의 영화 〈산사나무 아래〉가 초청되었다. 영화의 두 주인공인 징치우와 라오산처럼 나도 결혼 전 남편과 죽고 못 살 때가 있었다. 연애 시절 무슨 텔레파시에 이끌린 듯 전화번호를 누르면 그는 통화 중이었고, 십중팔구 서로에게 전화를 걸고 있던 참이었다. 똑같은 시간에 서로에게 동시에 전화를 건 것이다. 운명적인 만남이라 생각했고, 천생연분일 거라고 확신했다. "그거, 왜 그거 있잖아." 말머리만 꺼내도 무슨 얘기인지 척척 알아맞히기도 예사였다. 그런데 어찌 된 일인지 살다 보니 정말 안 맞는 것 투성이다. 서로 대화를 많이 하면 소통이 잘될 것 같지만 너무나 서로를 잘 알아서 약점이 되고, 또한 아무리 대화를 많이 해도 서로의 관점이 다르면 소통이 아니라 불통이 따로 없다. 그저 좋아서 모든 걸 내주고 베풀어도 아깝지 않았던 때가 있었건만 가족으로 살다 보면 서로의 간섭과 잔소리가 많아지면서 간극이 생긴다. 일하는 아내를 이해하고 배려하지 못하면 그 자체로 더 큰 갈등의 원인이 되기도 한다는 걸, 살면서 체득했다.

이런 면에서 나의 남편도 예외는 아니었다. 일하는 나를 적극 지지하면서도 저녁 행사나 모임 자리는 매우 부정적인 사람이라, 퇴근 이후의 삶을 그다지 달가워하지 않아 갈등이 컸다. 그래서 언제나 저녁 자리는 좌불안석이었고, 식사 후 2차 자리에서는 입구에 앉았다가 몰래 빠져나오기 바빴다. 그런 단속 아닌 단속과 관리 속에 일·가정을 양립하며 사회활동을 하기란 여간 어려운 게 아니었다.

심지어 마감 때문에 늦는 날임에도 유치원 종일반에 맡겨 놓은 아이를 저녁 8~9시가 넘도록 데려오지 않아 담당 선생님이 늦도록 기다렸던 때도 있었다. 집에 버젓이 있으면서도 아내를 길들인다는 이유로 일부러 아이와 선생을 힘들게 만든 것이었다. 당시 담당 선생에게도 미안했지만, 어린 딸이 얼마나 상처가 되었을까 생각하니 가슴이 미어졌다. 두고두고 잊을 수 없는 사건이다. 오후 시간 유치원 친구가 하나둘 모두 빠져나가고 밤늦도록 혼자 남아 엄마아빠가 오기를 기다렸을 아이를 생각하니, 비협조적인 남편이 그리 미울 수가 없었다. 이러한 일은 하루 이틀이 아니었기에 이때만큼 결혼을 후회해 본 적이 없었다.

정말 결혼은 미친 짓인가. '결혼은 미친 짓'이라는 의미가 다소 외설적인 원작 소설이나 영화와는 다르지만, 이런 일을 겪는 워킹맘들에게는 때때로 넋두리처럼 흔하게 사용되는 말이다. '결혼은 미친 짓이다' 그럼에도 불구하고 자녀를 낳아 기르면서 얻는 행복감이 크기에 모두가 잊고 사는지도 모른다.

만약 남편이 일하는 아내를 적극적으로 지지하고 신뢰하면서 응원을 해줬더라면, 아이를 더 낳았을까? 내 대답은 예스다. 아이를 좋아하는 성격상 아이를 여럿 낳아 복작복작 행복하게 살고 싶은 로망이 있었기 때문이다. 워킹맘으로 살아오면서 가장 바라온 소망이 "나도 아내가 있었으면 좋겠다"였다.

퇴근 후 집에 돌아오면 따뜻한 밥을 해놓고 기다려 주는 아내, 서둘러 빠져나간 가족들이 어지른 집안 구석구석을 말끔히 청소해 놓고 기다려 주는 아내, 힘들고 어려울 때 위로가 되어줄 따뜻하고 포근한 아내, 술 한잔하고 와도 "수고했다" 어깨를 토닥여 줄 남편…. 나도 그런 아내가 있었으면 좋겠다고 얼마나 많이 생각했던가.

비록 이상과 동떨어진 현실을 살았지만 나는 꿋꿋하게 버텨 냈고 살아남았다. 남편의 적극적인 뒷바라지나 후원이 없는 악조건 속에서도 묵묵히, 그리고 왕성하게 내 일에 충실해 왔다. 여성이 꿈을 성취해 나가고 사회활동을 왕성하게 하는 데는 정말 가족의 지지와 협조가 절실히 필요하다는 것을 뼛속 깊이 체득했기에, 딸들은 그렇게 살지 않기를 바란다. 좋은 배우자를 만나면 결혼은 '미친 짓'이 아니라 '잘한 짓'이 될 테니.

19세기 영국의 대표적 철학자 존 스튜어트 밀이 『여성의 종속』에서도 언급하듯, 여성은 자기희생을 거듭하도록 강요하는 사회적 여건 속에 일생을 살아간다. 그의 말처럼 어쩌면 우리 사회는 아직도 '여성들에게는 모든 자연적 본능을 포기할 것을 요구하면서 순교자와 같은 희생의 대가로 고작 사회적 평판'만 안겨 주는지도 모른다. 나 또한 그 사회적 평판 하나 때문에 감수하고 인내하며 살아 온 세월이 얼마나 많았던가. 21세기를 살아가는 오늘날에도 여성은 종속적인 관계에서 크게 벗어나지 못하고 있다. 높아진 사회적 인식은 차치하고서라도 우리 사회의 주류는 여전히 남성이기 때문이다.

일하는 엄마의
비애

　딸아이 출산 후 꼭 24개월 만에 다시 직장을 다녔다. 작은 딸을 낳기 전 만삭이 가까워 올 때 한번 유산을 했던지라, 일도 잠시 멈추고 두 돌까지 끼고 앉아 세상에 혼자 자식을 낳은 것마냥 유별나게 키웠다.

　아이가 두 돌이 막 지났을 무렵 슬슬 다시 직장을 다녀야 겠다는 생각이 들었고 때마침 지역 여성신문이 창간된다는 소식을 접하고 지원했다. 서류 통과 후 면접은 글을 작성하는 논술시험으로 대체된 듯했다. 사회문제에 대한 논제를 던지고 이에 대한 관점과 문제 해결법을 제시하라는 식의 문제였다. 당시 초대 윤원호 회장님이 낙동강 물 문제와 지역경제 문제에 관심이 많아 이러한 주제가 출제된 듯했다. 출산 전 시사 전문지에서 프리랜서로 활동했기 때문에 기본적인 글쓰기가 되어 있어서 어려운 과제는 아니었다.
　아마도 여러 명 면접을 본 듯했고 창간 준비를 위해 세팅된 기본 인력 외에 공개채용 기자 모집에 내가 채용된 듯했다. 경력 단절 여성이지만 다시 복귀한 사례다. 그러고 보면 야근을 밥 먹듯 해야 하는 직장에서 어린아이를 양육하는 아줌마 직원을 채용해 준 당시 회장님이 고마울 따름이다.

그렇게 다시 기자로 돌아가 일을 시작하면서 부득이 아이를 어딘가에 맡겨야 했다. 집 주변 놀이방을 물색해 아이를 짐짝 내려놓듯 놀이방에 밀어 넣고 서둘러 출근을 했다. 대부분 아기들이 그렇듯 엄마와의 애착관계가 깊은 아이들은 엄마에 대한 의존성이 강하고 낯선 사람에 대한 경계나 낯가림이 심하다. 물고 빨고 하다시피 사랑을 듬뿍 주던 엄마가 어느 날 낯선 곳 낯선 사람에게 떠맡기고 총총걸음으로 사라지니 아이는 얼마나 당황하고 억울했을까. 사랑을 듬뿍 받고 자라서인지 아이는 좀처럼 나와 떨어져 있지를 못했다.

놀이방에 내려놓고 돌아서면 아이는 악을 쓰며 유리창에 매달려 울어댔고 그런 아이를 외면하고 돌아설 때 가슴이 찢어지는 듯했다. 다른 아이들은 순순히 잘도 떨어져 있는 듯한데 우리 아이는 퇴근 시간 데리러 갈 때까지 보육선생님께 매달려 선생님이 움직이지도 못할 정도로 바짓가랑이를 붙들고 졸졸 따라다닌다고 했다. 보육선생님을 유일하게 의지할 대상으로 여겼던 모양이다. 그러다 작은 사고가 일어났다. 보육선생님이 점심을 준비하기 위해 일어섰는데, 자기를 두고 어디 가는가 싶었던 아이가 벌떡 일어나 선생님의 뒤를 쫓다가 책상 모서리에 이마를 찍고 만 것이다.

두어 명의 보육선생님이 10여 명 정도의 아이들을 돌보고 있었으니 우리 아이만 잘 봐달라고 할 형편이 못 되었고 또 그럴 수도 없었다. 어쨌든 그 사건을 계기로 아이를 맡긴 지 한 달 만에 다른 곳으로 옮겼다. 정말이지 아침이면 늘 전쟁이었다.

당시 남편도 대구에서 월간지를 창간해 일하던 때라 기차로 부산과 대구를 오가느라 바빴다. 아침 6시에 일어나 출근 준비를 하고 아기의 짐을 챙겨 7시 30분까지 놀이방에 맡긴 후 다시 마을버스와 전철을 번갈아 타고 금정구 서동에서 서구 토성동까지 출근했고, 남편도 대구로 출근하기 위해 부산역으로 향했다.

놀이방을 나와 다니고 있던 교회 집사님께 부탁하여 맡긴 아이는 잘 적응하여 한결 편했다. 집도 가까웠지만 주일이면 교회에서도 뵙던 분이라 아이도 낯이 익고 어린 아들만 둘을 두신 분이라 친딸처럼 잘 돌봐주셨다. 아이는 여러 명 있던 놀이방에 맡길 때와 달리 사랑을 듬뿍 주는 집사님 댁에서 안정을 찾아갔고 2년여가 지나 5살 무렵에는 유치원에 보냈다. 유치원 적응도 놀이방 때처럼 힘들었다. 아이는 낯선 공간에 맡겨질 때마다 극도의 분리불안 증세를 보였다. 처음 적응하는 단계는 늘 그렇게 힘들었다.

편집 마감이 있어 야근을 할 때 회식이 있는 날엔 집에 부리나케 달려가 아이를 업고 다시 일터로 되돌아오곤 했다. 목요일 마감 때면 새벽까지 인쇄소에서 살아야 하는 경우도 있었다. 한번은 남편도 출타 중이라 회식 자리에 아이를 데려갈 수밖에 없어 노래방에 아이를 눕혀놓고 논 적이 있다. 귀가 후 잠들었다 언뜻 한기가 느껴져 일어나 보니 포대기를 풀어 방바닥에 팽개치듯 아이를 내려놓고 아이도 나도 그대로 냉바닥에 누워 자고 있었다. 보일러도 켜지 않고 쓰러지듯 잔 것이었다. 기억을 더듬어 보니 올라오는 술기운을 안간힘을 쓰며 참았던 것 같고, 1분 1초마다 정신을 가다듬어 가며 집까지 겨우 온 듯했다.

지금 생각해 보면 아이를 핑계로 회식에는 빠져도 됐으련만 왜 그리 어리석고 무모하고 미련했는지…. 아이를 돌봐야 할 엄마라는 사람이 남들과 똑같이 술을 마시고 겨우 집에 온 걸 생각하면 참 아찔하다.

직장의 룰이라는 게 있고 전체 분위기를 해치지 않으려 충실했던 마음은 십분 이해한다. 하지만 적당히 양해를 구하고 빠져도 됐을 텐데 너무 미숙하고 모자랐던 것 같다. 나 같은 후배들이 있다면 한사코 말리고 싶다. 동료들과의 회식은 얼마든지 다시 가질 수 있는 기회이고, 한두 번 단체 회식에 빠진다고 해서 잘못될 일은 없다. 반면 아이가 어릴 때 육아는 부모의 당연한 역할이고 또 안전하게 돌보는 일은 무엇보다 중요한 일인 만큼 상황에 맞게 최선을 다하는 게 옳다고 말해주고 싶다.

　물론 이런 나의 걱정은 요즘 세상에 기우다. 일 때문에, 혹은 회식 때문에 공식적인 퇴근 이후 시간을 회사 일에 헌신하는 사람들은 요즘 흔치 않다. 출산율이 곤두박질치면서 일·가정 양립 환경을 위한 정책적·제도적 노력이 뒷받침됐고 언젠가부터 '저녁이 있는 삶'이 하나의 문화로 자리 잡은 덕분이다. 저녁 회식자리가 '당연'이 아닌 '선택사항'이 된 요즘 세상에 쓸데없는 소리인지 몰라도, 혹여 그런 고민을 하고 있는 단 한 사람이라도 있다면 나의 어리석음을 참고했으면 한다.

　어쨌거나 25년 전만 해도 사회 분위기는 지금과 사뭇 달라 워킹맘으로 살아가기가 그리 녹록지 않았다. 그래도 그때는 왜 몰랐는지…. 옆에서 늘 "죽어봐야 저승을 알지"라며 핀잔을 주던 사람이 얄미웠는데 나이가 들고 아이들이 크고 나니 비로소 통찰의 폭이 넓어지고 세상이 제대로 보이기 시작한다.

나는
나쁜 엄마였다

　얼마 전 인기리에 방영되었던 TV 드라마 〈나쁜 엄마〉가 종영했다. 자식을 위해 악착같이 나쁜 엄마가 될 수밖에 없었던 극 중 '영순'과 아이가 되어버린 아들 '강호'가 잃어버린 행복을 찾아가는 감동의 힐링 코미디다. 교통사고로 신체기능과 기억이 상실된 아들을 되돌리기 위해 독하리만큼 재활운동을 시키고 잔소리를 퍼붓지만, 사랑이 듬뿍 담겨있는 모성의 절정판 드라마다.
　극의 재미와는 무관하게 무심코 리모컨을 돌리다가 맞닥뜨린 드라마 제목 '나쁜 엄마'에 이끌렸던 나는 늦은 퇴근에도 놓치지 않고 보았다. 극 중 영순의 강한 모성에 비교할 만한 대상은 못되지만 실제로 나쁜 엄마였던 나를 반성하게 하는 제목이기도 했기 때문이다.

　나는 나쁜 엄마였다. 돌아보니 일한다는 핑계로 제대로 엄마 역할을 했는지 기억이 잘 나질 않는다. 자식을 훌륭하게 키운 주변의 엄마들을 보면 정말 대단하다는 생각이 들고 종종 나와 비교되기도 했다. 일을 하면서도 아이들 뒷바라지를 훌륭하게 하고 소위 SKY니 카이스트니, 조기 유학이니 하며 명문학원 강사들을 붙여 학습을 시키고, 그런 와중에 악기 한둘은 다룰 줄 아는 예능까지 다 갖추도록 그야말로 완벽하게 자식을 양육하는 워킹맘들도 수두룩한데, 나는 아이들을 위해 뭘 했는지 반성할 때가 너무나 많다.

엄마 역할을 제대로 못 한 것 같아 마음이 아려올 때가 많다. 무슨 대단한 일을 한다고 나는 아이들을 제대로 챙기지 못한 것일까. 아이들보다 내 삶이 우선인 이기적인 엄마였던 것은 아닌지 지금은 성인이 된 자식이 제 일 하나 제대로 못 찾고 방황하고 있는 것도 모두 무책임했던 나의 미흡한 부모 역할 때문은 아닌가 싶어 죄스럽다. 그리고 어떤 게 현명한 엄마 노릇인지 몰랐던 무지함이 부끄러워진다. 다시 20~30대로 돌아간다면 이제는 제대로 아이들을 양육할 수 있을 것 같은데, 그땐 정말 엄마 역할에 미숙하고 서툴렀다.

딸이 대학 다닐 무렵 들은 이야기가 있다. 에피소드처럼 풀어놓은 초중고등학교 때 이야기에 가슴이 아려왔다. 방학이면 각자 사물함에 보관하던 학용품과 책들을 다 싸서 집에 오는데 비닐봉지나 박스에 바리바리 싸서 만원버스를 타고 오기도 하고, 때로는 20여 분 거리를 걸어오기도 했단다. 그러다 비닐이나 패키지 봉투가 터져 애를 먹었다는 것이다. 비가 쏟아지는 하굣

길에는 우산을 들고 오거나 자동차로 마중 나오는 가족이 없어 우산도 없이 혼자 하교했던 이야기도 있다. 초중고등학교를 졸업할 때까지 어디 하루 이틀 일어난 일이었을까마는, 나는 왜 단 한 번도 이런 걱정 따위를 안 하고 살았을까.

아이들도 엄마는 일하는 사람이라는 인식이 박혀 있었고 그런 엄마를 방해해서는 안 된다고 생각했던 것 같다. "밖에 비가 내린다"고 "우산이 없어 못가겠다"고 전화를 걸었다면 달려갔을 텐데…. 바쁜 엄마를 배려한 아이들에게 한없이 미안했고 아직도 떠올리면 미안한 기억들이다. 나는 집 밖을 나서면 철저히 가정은 잊고 일에 파묻혀 살았다. 특히 사무실에 있을 때면 바깥 한 번 쳐다보지 않고 일했기에 갑자기 비가 내린다고 한들, 자식 걱정도 무방비 상태일 수밖에 없었다.

부모로서 자식들의 성장기에 뒷바라지하는 것은 너무나도 당연한데 이 소중한 시기를 바깥일에만 매진하고 살지는 않았는지 반성한다. 살아보니 지나고 보니 아무것도 아닌 것을…. 자식들을 곤란하게 한 일들이 두고두고 마음을 아프게 한다.

그저 새벽밥 지어 먹이고 학교만 보내면 엄마 노릇 다 한다고 생각한 어리석음을 이제 와 후회한들 무슨 소용일까. 어떤 입시 학원이 유명한지 알아본 바도 없고, 자식 손 이끌고 이 학원 저 학원 다니며 유난을 떨어본 기억도 없다. 열성적인 엄마들은 아이들 학원 순례길을 자동차로 바라지하곤 한다는데, 나는 학원 등록 후 전적으로 아이와 학원에 맡겨놓았기에 보내놓고는 잊어버리기 일쑤였다. 관리가 안 되니 아이는 3개월 넘게 학원을 꾸준히 다녀 본 적이 없을 정도다. 모든 것을 아이가 하고 싶은 대로 하게 했으니 성적이 오를 리가 없었다. 모든 결정도 자기 주도적으로 하다 보니 끈기 있게 해 나가는 게 없는 듯했고, 학원도 등록하고 싶은 곳이 있으면 등록시켜 주었지만 다니기 싫다 하면 그 또한 본인의 뜻에 맡겼다. 억지로 시켜봐야 능률이 안 오른다는 것을 알았기에 스스로 동하지 않으면 말짱 필요 없는 낭비라는 생각에서 공부도 강요하지 않았다. 그런 면에서 우리 아이들은 입시철 고3병에 시달리거나 스트레스받는 일은 없었다. 일찌감치 수시에 응시해 알아서 원서 넣고 합격을 하는 형태였다.

    방치하다시피 키운 아이들이지만 그런 한편 어떤 문제에 맞닥뜨렸을 때 스스로 해결해 나가는 능력이 있는 듯하다. 뭐든 자력으로 해결하려는 정신만큼은 나쁜 엄마가 키워준 능력 같다. 그럼에도 불구하고 남들처럼 자녀들 학업 시기에 적극적으로 보살펴 주지 못한 나쁜 엄마로서 죄책감을 지울 수가 없다.

사랑의 바자와
이희호 여사

부산여성신문에 몸담고 있으면서 가장 기억에 남는 순간을 꼽으라면 빼놓을 수 없는 이야기가 하나 있다. 바로 이희호 전 영부인과의 특별 단독 인터뷰 건이다. 잘 알려지지도 않은 마이너 주간지 소속 여기자가 20여 분간 영부인과 단독 인터뷰할 수 있는 영광을 누린 것은 흔치 않은 사건일 것이다.

1999년 4월 17일, 사단법인 사랑의 친구들(당시 총재 박영숙) 주최로 부산 수영만 요트경기장 광장에서 '결식아동돕기 사랑의 바자 한마당' 행사가 열렸을 때다. IMF 이후 경제가 어려워지면서 굶는 아동들이 많다는 소식에 당시 안상영 부산시장 부인인 김채정 여사를 준비위원장으로 하여 부산에서 대대적으로 바자회가 열렸다. 이날 바자회는 부산시장, 의장, 교육감, 각 지역 구청장 기관장 등 여성단체, 시민사회 단체 대표, 자원봉사자, 경호 인력을 비롯해 각종 매스컴 촬영진을 포함한 5천여 명이 넘는 사람들이 참석해 대성황을 이루었다. 무엇보다 이례적으로 영부인 이희호 여사가 참석하여 전국적 주목을 받았다. 김대중 전 대통령과 이희호 여사는 바자회에 서예작품과 휘호가 담긴 소장 도자기 총 50여 점도 내놓았고 각계 유명 인사들이 기증한 물품도 판매되었다.

행사를 주관한 '사랑의 친구들'은 1998년 8월 출범해 결식아동과 실직 여성 가장, 노숙자, 장애인 복지 등의 분야에 관심을 갖고 주력사업을 펼쳐온 사회단체였다. 소외된 이웃을 위한 지원활동을 주로 모색하는 사랑의 친구들은, 도움이 필요한 사람과 도움을 줄 수 있는 사람 및 단체, 기관을 찾아내 서로 연계시켜 주는 교량 역할을 해왔다. 그날 바자회는 굶는 아동이 많다는 부산지역을 배려해 부산에서 열리게 된 것이었다.

행사를 주관한 박영숙 총재는 "청와대 내부의 체계로는 운신의 폭이 적어, 결식아동에 대한 국민적 관심을 높이기 위해 영부인이 직접 관여하는 봉사기구를 설립하여 사랑의 대바자회를 마련하게 됐다"고 우리 신문과의 인터뷰에서 밝혔다.

당시 사회·경제적 분위기에 부산도 편승해, 윤원호 전 국회의원은 부산여성신문 회장 시절 '사랑의도시락보내기운동본부'를 설립하여 결식학생돕기 부산시민 캠페인을 대대적으로 펼쳤다. 1999년 5월 12일부터 23일까지를 '결식학생돕기부산시민 사랑의 주간'으로 선정하여 부산시민 사랑의 걷기대회, 부산시민 사랑의 대바자 등 다양한 사업을 전개해 기금을 마련하기도 하던 터였다.

아무튼 소외층을 향한 영부인의 따뜻한 시선은 생각에 머물지 않고 적극적 행동으로 이어져 반향을 불러일으켰다. 당시 김대중 대통령은 국가 전체 경영을 위한 큰 그림을 그리고 굵직굵직한 현안에 매진했다면, 영부인은 노인·여성·아동·장애인 등 사회의 약자와 소외계층을 돌보고 현안을 살피는 일에 나서 내조에 주력했다.

물론 이러한 행보는 지극히 당연했고, 당시 제2정무장관실의 역할이기도 했다. 1999년 여성특별위원회가 조성돼 여성과 소외계층의 인권과 복리를 추구하는 행정적 제도적 기반이 마련돼 한층 진일보한 정책을 수반했지만, 그 이전까지는 영부인의 몫이었다.

대바자회 당일, 이희호 여사는 헬기를 타고 현장에 도착했다. 70대의 나이인 만큼 컨디션을 고려해 행사장 참석은 하되, 전국에서 몰려든 취재진과의 인터뷰는 일체 하지 않는 것으로 일정이 잡혀 있었다.

현장에 있던 나로서는 이러한 사정과는 무관하게 기자정신이 발동했다. 소위 여성운동을 하고 여성권익 증진과 지위 향상에 누구보다 관심을 가져온 영부인이 부산까지 오셨는데, 막 탄생한 「부산여성신문」에서 인터뷰를 하지 않는 것은 직무유기가 아닐까 생각한 것이다. 이에 영부인을 밀착 경호하는 경호원들을 따라다니며 인터뷰를 할 수 있게 해달라고 집요하게 요청했다.

물론 돌아오는 답은 '노'였다. 컨디션도 안 좋고 피곤하셔서 오시기 전부터 인터뷰를 일체 안 하기로 하셨다는 것이다. 일간지는 물론 방송 인터뷰도 하지 않기로 했다는 말대로, 많은 취재진들이 카메라로 현장 스케치를 담을 뿐, 직접 인터뷰하는 모습을 볼 수 없었다.

영부인은 행사장 도착 후 수영만 요트경기장 1층에 마련된 VIP 대기실에서 머물다가 바자회 현장을 한 바퀴 돈 후 다시 귀빈실로 돌아가 쉬고 계셨다. 이때 나는 2층에 진을 치고 있는 경호실로 쫓아 올라가 인터뷰를 할 수 있게 해달라고 경호 책임자를 끈질기게 설득했다.

"안 된다, 안 하기로 했다고 단언만 하지 마시고 여사님께 직접 한번 여쭤만 봐달라. 이희호 여사님은 다른 분들과 다른 걸로 안다. 여성운동을 해오신 분이고 누구보다 여성 삶의 질 향상과 여성 인권에 대한 관심이 남다른 분으로 알고 있다. 더군다나 지역 여성 언론이 창간한 지도 얼마 안 되었는데, 힘도 실어줄 겸 갓 출범한 지역 여성 신문을 격려하는 차원에서라도 인터뷰를 한번 해주셨으면 좋겠다. 한 번만 꼭 여쭤만 봐달라"고 집요하게 물고 늘어졌다.

바자회 경내를 돌 때도 졸졸 따라다니며 성가시게 매달리더니 2층 경호실까지 쫓아 올라와 부탁하는 그 끈기와 정성에 두 팔을 든 것일까. 그는 어디론가 전화를 걸었고 잠시 후 영부인께서 허락을 하셨다며 딱 10분만 줄 테니 인터뷰하라고 승낙했다.

기쁜 마음에 1층으로 냅다 뛰어 내려갔고, 경호원들의 신체 점검과 카메라 해체 점검 등 일련의 과정을 거쳐 카메라를 들고 VIP 대기실을 찾았다. 영부인은 예의 TV 화면 속 그 모습 그대로 단아한 모습으로 앉아 계셨다.

그렇게 당시 사랑의 친구들 명예총재로 행사를 도왔던 이희호 여사는 그날 전국 유일하게 주간지 언론사인 「부산여성신문」과 단독인터뷰에 응해 주셨다. 10분이라는 정해진 시간이 부담되었지만 편안하게 응대해 주셔서 인터뷰는 정해진 시간을 초과해 20여 분간 이어졌다. 메이저급 방송 언론사도 아닌 지역의 작은 여성신문에 마음 문을 열고 따뜻하게 맞이해 주셨던 그날을 두고두고 잊을 수 없다.

인터뷰에서 이희호 여사는 "실업자 증가로 가정이 파괴되고 결식아동 수가 늘어나는 등 장차 이 나라의 주역이 될 아이들이 한참 자랄 나이에 끼니를 거르고 있다는 신문보도 기사를 접하고 상당이 마음이 아팠다"며 "미력하나마 아이들의 고통을 덜어주고 싶어 소장품을 기증하고 직접 참여하게 됐다"고 밝혔다.

또 "사랑을 나누는 만큼 고통은 반으로 줄어든다. 끼니를 굶는 어려운 이들을 도와주기엔 정부나 지역사회단체의 지원만으로는 부족하다. 국민 모두가 한 가정 한 이웃 공동체임을 절실히 느끼고 꾸준히 운동을 전개하는 등 작은 정성을 모으는 힘이 필요하다"고 강조했다. 마지막으로 부산의 바자회를 계기로 이웃사랑 실천이 범국민 운동으로 확산되기를 바란다며 앞으로 이 같은 행사가 전국적으로 펼쳐나가길 기대한다고 덧붙였다.

이 바자행사에는 부산시장 부인인 김채정 여사도 큰 역할을 했다. 평소 장애인 단체의 고문을 맡아 봉사하였고 여성문제에도 많은 관심을 보이던 김 여사는 "지역문제는 지역 자체에서 해결할 수 있도록 자발적으로 행사를 주관, 도움의 손길이 필요한 사람들에게 더욱 많은 지원을 줄 수 있도록 했으면 좋겠다"며 여타 바자행사에도 관심과 지원을 아끼지 않았다. IMF로 인해 당시 부산은 어느 지역보다 경제가 더 어려운 상황이었는데도 전국의 어느 바자회에서보다 기금이 많이 조성돼 보람이 큰 행사였다.

벌써 24년 전의 이야기기만 아직도 떠올리면 흐뭇해지는 여성신문 초창기 때의 뿌듯한 기억들이다.

쪽빛 바다를 품고 사는
남부민동 8남매 가족

    2009년 11월 재창간한 「부산여성신문」은 이듬해 새해 특집 "가족이 희망이다"를 기획 시리즈로 연재했다. 이미 오래전부터 예견되어 온 사회문제이지만 갈수록 급격히 떨어지는 출생률 문제를 여성 언론 차원에서도 깊이 고민해 봐야 할 듯했다. 이에 편집회의를 통해 신년 기획으로 삼았고, 매월 다자녀가정을 발굴하여 그들의 행복한 가족 이야기를 지면에 싣기로 했다. 형편과 사회적 여건만 되면 아이를 많이 낳고 싶다는 사람도 있지만, 자녀보다는 개인의 삶을 더 중요시하는 사람들이 많아지면서 자식은 힘이 아니라 짐으로 생각하는 세상이 안타까웠다. 다자녀가 가족에게 얼마나 힘이 되고 행복의 원천인지 보여주고 싶었다.

    인심은 갈수록 각박해지고 경제는 좀처럼 나아지지 않는 어려운 시대에 자녀를 많이 낳아서 어떻게 책임질까 두려워하는 사람들이 많다. 이들에게 행복한 다자녀가정 이야기를 보여주어 가족구성원이 많을수록 행복의 크기도 커진다는 긍정적인 인식을 갖게 해주고 싶었다. 그렇게 해서 발굴해 낸 다양한 다자녀가정 이야기 시리즈는 지금 떠올려도 흐뭇하다.

그때 만난 가족 중 지금까지도 가끔 연락하며 안부를 묻고 지내는 가족이 있다. 기획 시리즈 4편에 소개한 남부민동 8남매 가족, 부산시 서구 남부민2동 이수원·우윤숙 씨 가족이다. 4남 4녀는 이제 모두 장성해 어엿한 성인이 되고 태어난 지 얼마 안 되었던 막내도 어엿한 중학생이 됐으리라.

오랜 시간이 흘러도 8남매 가족을 잊지 못하는 이유 중 하나는 그들이 품고 있는 아름다운 부산의 풍경도 한몫한다. 부산의 진정한 아름다움을 느낄 수 있었던 곳, 송도와 영도 앞바다를 비롯해 크루즈와 선박이 머물다 가는 쪽빛 해안까지 한 폭의 그림같이 펼쳐지는 곳. 한 칸 한 칸 길을 오를 때마다 탄성이 절로 새어 나오는 산복도로 동네에서 바라본 절경은 신선이 부럽지 않았다. 부산을 보란 듯이 발아래 두고 때로는 거만하게 경치를 즐겨도 탓할 사람 없는 무한히 자유로운 곳. 도시를 한눈에 굽어볼 수 있는 곳에서 세상을 다 가진 듯 남부럽지 않은 꿈을 품고 사는 그들을 만났으니 오래도록 인상에 남을 수밖에.

산복도로에서 다시 꼬불꼬불 계단을 오르고 골목을 돌고 돌아 산의 어깨쯤에 이르면 그곳에 둥지를 튼 8남매의 보금자리가 있다. 천혜의 경관을 끌어안고 아늑히 들어서 있는 곳이었다. 당시 열여덟 살 장남 호성 군 밑으로 정빈(16, 남), 주은(14, 여), 진명(12, 남), 연경(9, 여), 지현(6, 여), 보영(4, 여), 준홍(2, 남) 등

두세 살 터울의 4남 4녀가 동화 속 주인공들처럼 알콩달콩 사는 이야기는 이후로 참 많은 후속 이야기를 남겼다.

지면에서 이들 이야기를 접한 삼정주택 박정오 회장은 아들에게 직접 이들 가족을 방문해 도움을 줄 수 있는 방법을 찾게 했고, 도배와 장판, 싱크대 교체 같은 봉사로 이어졌다. 박 회장은 주택건설 사업을 하는 기업인으로서 다자녀 가정에게 도움을 줄 수 있는 방법을 모색하고 실천했다. 박 회장의 아름다운 선행은 우리 지면에 소개된 다른 가족들에게까지 릴레이 봉사로 이어졌다. 이에 그치지 않고 주택건설협회 차원에서 어려운 가구를 5~10가구 선정해 싱크대 교체, 도배, 장판 교체 사업 등 몇 년간 선행사업을 전개해 나기기도 했다.

박 회장 개인 차원에서도 우리 신문에 소개된 어려운 가정을 도왔다. 가파르고 좁은 쪽문 계단을 올라 작은 방 두 개에 11남매 가족이 옹기종기 사는 용당동 다자녀가정에는 소원하던 냉장고와 세탁기는 물론, 상·하부 장을 갖춘 싱크대 설치, 도배, 장판 교체에 이르기까지 올 집수리 봉사를 실천했고, 생활 자금으로 금일봉까지 쾌척하는 등 통 큰 봉사를 이었다. 남몰래 실천한 박 회장의 이런 행보는 오랜 시간이 흐른 후에 알 수 있었다. 지금 생각해도 참 고마운 일이다. 이처럼 지면의 작은 소식이 누군가에는 자극이 되고 도움의 손길로 이어지는 모습들을 보면서 보람을 느낀다.

'노블레스 오블리주'를 실천하신 박정오 회장은 지금도 가끔 뵙고 있다. 팍팍 세상 속에서도 이들과 같은 사람들의 숨은 봉사가 있기에 누군가에는 힘이 되고 살아갈 이유를 얻는 게 아닐까. 어렵고 힘든 이에게, 삶을 그만 포기하고 싶은 사람들에게, 우리 사회는 아직 살맛 나는 따뜻한 세상이라고 믿을 수 있도록 긍정적 생각을 갖게 해주는 희망사다리 같은 존재가 아닐까 한다.

한편, 8남매 가족을 찾았을 당시는 구정을 앞두고 모처럼 가족사진을 찍던 날이었다. 아직 백일도 채 지나지 않은 막둥이 준홍이의 출산을 기념해, 모처럼 일찍 귀가한 아빠와 함께 8남매 가족이 새로운 역사를 만들어 가던 참이었다. 그 이야기를 사전에 듣고 한복협회 송년순 회장에게서 전 가족에게 입힐 한복을 기증받았다. 덕분에 예쁜 한복을 입고 가족사진을 찍을 수 있었다.

취재하고 글을 쓰는 기자로서의 역할에 그치지 않고 나는 언제나 인터뷰이들에게 무엇이 필요한지 살폈다. 그리고 그들의 욕구와 지역사회 네트워크를 연계, 서로에게 도움이 될 수 있는 방안이 뭘까 항상 고민했다. 그 뿌듯함은 좋은 자양분이 되어 왕성한 활동에도 지치지 않는 에너지원이 되고 있다.

아이들은 하나같이 해맑고 순했다. 복작복작 공간은 협소했지만, 유달리 온순해 있는 듯 없는 듯한 아이들은 세트장 같이 재미나게 짜인 2층 구조의 집을 오르락내리락 하며 서로 동무처럼 노는 모습이 인상적이었다. 어려운 생활 가운데서도 8남매가 행복하게 살 수 있었던 것은 엄마 윤숙 씨의 악착같은 생활력 덕분이다. 생활은 팍팍하고 남편의 벌이도 시원찮지만 절약하며 살림을 꾸려왔다는 윤숙 씨는 대가족 살림 노하우를 꿰고 있었다. 다섯째가 생기기 전까지만 해도 4남매를 키우면서도 안 해본 일이 없다. 보험회사 설계사, 포장마차 호떡 장사까지 생계형 맞벌이에 나섰다. 남편 이 씨도 IMF 이후 지업사 전문 재단사로 일하다 실직했지만 이후 건설 현장에서 일하며 가장의 책임을 다해 왔다.

아이들은 서로서로 동무가 되고 협동하며 배려하고 양보하는 법을 알았다. 값비싼 장난감 대신 책과 문제집으로 공부도 놀이 삼아 즐기고 노는 아이들. 방과 후 무료 특강을 제외하고는 특별히 학원도 다니지 않지만 아이들은 공부도 잘하는 편이라고 했다. 꿈을 물어보니 제각각 참 야무졌다.

선생님 놀이를 좋아하는 9살 연경이는 교사가 꿈이고, 수학을 잘해 초등학교 시절 2년 동안 수학영재였던 둘째 정빈이는 유명 대학교에 입학, 공부를 많이 해 과학자가 되는 게 꿈이라고 했다. 학교 방송반 활동을 하고 있는 14살 주은이는 처음엔 아나운서를 꿈꾸었지만 작가가 되고 싶다고 했다. 눈뜨고 대문을 나서면 늘 먼저 만나는 아름다운 자연 속에서 감성이 풍부한 소녀로 성장한 듯했다. 테크노과학고등학교에서 전문 분야 기능인을 꿈꾸는 첫째 호성이는 의젓한 맏형으로 동생들을 잘 보살폈다. 이 집에서 유일하게 일반 학원에서 태권도를 배우고 있는 애살 많은 넷째 진명이는 수학과 스포츠에 재능이 뛰어나다고 했고, 가족들의 사랑을 독차지하던 일곱째 보영이는 엊그제 막둥이가 태어나면서 엄마의 품을 빼앗겼지만, 인내하고 양보할 줄 아는 사랑스러운 꼬마였다.

"한 번도 아이들 때문에 속 썩어 본 적이 없어요. 시키는 심부름은 무엇이든 마다 않고 척척 듣는 아이들 덕분에 어려움 없이 키우고 살 수 있는 것 같아요."

넷째를 낳은 후로 친정 나들이 한번 제대로 못 했다는 윤숙 씨는 늦둥이 출산 소식도 아직 알리지 못했다고 했다. 사실 윤숙 씨는 10여 년 전 과로로 쓰러졌다가 뇌출혈 수술을 받은 적이 있다. 늦도록 포장마차에서 일하고 돌아와 아이의 학교 준비물을 챙기기 위해 솔방울을 따러 산에 나섰다가 쓰러진 것이다. 막내딸 보영이를 낳았을 때는 피가 모자라 수혈을 받기도 했을 만큼 건강도 좋지 않았다. 그러나 무엇보다 윤숙 씨를 힘들게 했던 건 다산으로 인해 몸 안의 칼슘과 영양분이 빠져나가면서 치아와 잇몸이 성치 않다는 것. 치아가 부서지거나 빠져 제대로 씹지를 못해 늘 소화불량을 겪고 있었다.

"가족들을 위해서라면 내 한 몸 어찌 되어도 상관없어요.

다만 올 한 해는 정말이지 경제적인 혁명이라도 있었으면 좋겠어요. 돈에 구애를 받지 않고 잘 살았으면 한이 없겠어요."

소꿉놀이도 지쳤는지 열심히 찻잔을 나르고 음식을 만들던 6살 9살 4살 고만고만한 자매가 이번엔 학습지를 꺼내 풀며 엄마 옆으로 모여들었다. 품 안으로 파고드는 막둥이와 막내딸을 부여안고 소탈한 새해 소망을 털어놓던 윤숙 씨. 얼마 전 다시 들어본 윤숙 씨의 목소리는 아직도 씩씩하고 강건했다.

넉넉하진 않아도 부모의 사랑을 듬뿍 받고 성장하는 아이들의 해맑은 모습에서 가족의 의미를 다시 한 번 되새겨 보게 됐다. 물질적 풍요를 누리게 해주는 것만이 부모의 역할은 아닐 테다. 경제적으로는 남부러울 게 없어도 정서적 결핍을 겪고 사는 아이들이 얼마나 많은 세상인가. 남부민동 8남매를 훌륭하게 양육해온 윤숙 씨 부부의 헌신적 부모 역할에 박수를 보낸다.

아이들을 다시 만나면 꼭 물어보고 싶은 말이 있다. 아이들은 꿈은 이루었는지, 꿈을 향해 제 길을 잘 걸어가고 있는지…. 복잡한 길을 못 찾을까 봐 산복도로까지 마중 나와 반갑게 맞아주던 그 꼬맹이들이 보고 싶다.

대한이와 민국,
그리고 공개 입양

입양문화도 많이 바뀌었다. 예전에는 쉬쉬하며 입양 사실도 남모르게 했지만 요즘은 공개 입양이 더 보편화된 시대다. 나중에 입양 사실을 알게 되어 정체성에 혼란을 주기보다 애초부터 입양에 대한 긍정적 인식을 갖도록 해 나중의 불편한 일들을 만들지 않는 게 낫다는 주의다.

뉴밀레니엄이 시작된 첫 해, 우리 신문에서는 〈신가족문화를 열어간다〉는 연재물을 기획 보도했다. 혈통 중심의 가족관에 대한 고정 틀을 서서히 깨는 움직임이 일고 있던 때, 새로운 형태의 가족문화를 트렌드로 제시하고 비록 피를 나눈 혈육이 아니라도 가족구성원 간의 이해와 사랑만 있으면 하나의 가족공동체를 형성할 수 있다는 아름다운 사례를 소개하고 싶었다. 빠른 속도로 분화되어 가는 다양한 형태의 가족문화 사례들을 발로 뛰며 찾고 직접 만나 그들 가족의 생생한 이야기를 전하고자 했던 기억이 떠오른다.

이 기획의 첫 번째 주인공은 대한이와 민국이 두 아들을 입양한 황수섭 전 고신대 교목 부부. 지금도 가끔씩 생각난다. 이 가족은 우리 신문(2000년 1월 27일자)에 최초로 소개된 것을 계기로 이후 많은 언론과 방송에 소개되었고, 한동안 유명세를 떨쳤다.

황수섭 고신의대 교목은 공개입양운동가다. 그는 불임부부 입양 운동 펴기를 비롯해 입양 부모 모임 활성화 등 입양문화를 확산시키고자 책으로 방송으로 또는 인터넷 홈페이지를 운영하며 일반인들에게 오래전부터 조용한 반향을 불러일으키고 있었다. 아들들을 입양 전에도 부부에게는 사랑스러운 중학생 두 자매가 있었다. 마흔 중반의 나이에 중학생이 된 두 딸을 다 키워놓고, 그것도 딸도 아닌 아들을 둘이나 덜컥 입양한다는 게 우리 사회에서 그리 쉬운 일은 아니었다.

2000년 1월 어느 날, 황수섭 목사의 안내로 송도 해변이 내려다보이는 고신대학병원 건물 뒤 주택가의 보금자리를 찾았다. 현관에 들어서니 가지런히 놓인 앙증맞은 신발과 여러 켤레의 신발들이 가족의 수가 적잖음을 짐작케 했다. 고만고만한 쌍둥이 형제와 중학생 두 딸이 반갑게 인사를 했다. 두 딸의 이름은 아름이와 다운이고 세 돌을 넘긴 대한이와 민국이는 엄마 아빠 목에 매달려 안기고 부비며 한창 재롱을 떨었다.

크리스마스를 앞둔 어느 날, 텔레비전을 보다가 서울의 한 입양원에서 돌을 나흘 앞둔 쌍둥이 형제를 처음 보았다는 황 목사 부부. 보통 입양원에서 2~3개월을 보내면 양부모를 만나 입양되는데 대한이와 민국이는 쌍둥이 아들이다 보니 선뜻 데려다 키우겠다는 사람이 나타나지 않았다고 한다. TV를 보는 순간 두 부부는 아이들을 입양하기로 마음먹었다. 가족회의를 열었고 두 딸의 적극적 지지에 힘입어 입양한 경우다.

내가 방문했을 때는 이미 입양하여 2년이 지난 즈음이었다.

이들에게 현실적인 어려움이 없었던 것도 아니다. 우선은 경제적인 부담이 가장 컸다. 입양원에 내야 하는 몫과 잘 자라고 있는 두 딸의 교육과 성장에 계속하여 최선의 후원을 해줄 수 있을지, 사춘기에 접어드는 두 딸을 향한 사랑과 관심을 늦둥이 쌍둥이 가족에게 나눔으로 인해 분산되는 정서적 지지의 부족함 등 … 결론을 내리기까지 부부는 많은 갈등을 겪었다고 했다.

어쨌든 결심한 이후 황 목사 부부는 본격적인 육아와의 전쟁에 돌입했고, 친자로 입양할 때는 출생신고를 늦게 하는 바람에 과태료를 두 배로 물었다. 아이가 둘이기 때문이다. 처음 보았을 때 표정이 없던 아이들은 엄마 아빠를 만나고 180도 달라졌다. 말투와 행동까지 두 사람을 빼닮아 가는 대한이와 민국이는 밝고 명랑한 아이들이었다. 쌍둥이가 합심해 구르고 뛰고 찢고

낙서하고… 조용하던 집안은 연일 아수라장이 되어 버리지만 황 목사 가족은 즐겁고 신나게 받아들였다.

6명의 살림을 꾸리기 위해 일주일에 서너 번 간호학원 강사로 일하는 아내 김인혜 씨는 출근할 때는 아이들을 놀이방에 맡긴다고 했다. 그렇게 떨어져 있는 시간들이 더 애틋하게 했다는 인혜 씨는 혈통 중심의 가족에 대한 인식도 이제 전환돼야 한다고 말했다. 한 핏줄이어야 만 '가족', '식구'라 여기는 개념은 이제 낡은 사고라며 함께 어울려 사랑하며 사는 것이 신가족의 개념이 아니겠냐는 것이다. 그는 그것을 일찍이 몸소 실천해 온 사람이다.

20여 년 전 활성화되기 시작한 입양문화운동은 황수섭 목사에게서 시작됐다 해도 과언이 아니다. 이미 본인이 90년대부터 실천해 오고 있었기 때문이다. 자신의 경험을 공유하기 위해 입양부모 모임을 만들고 활성화하는 한편, 입양 경험담을 책으로 펴내기도 했다.

인터뷰 당시 황 목사는 일반인들의 시선이나 사회의 인식 변화가 필요하다는 지적과 함께, 입양원 및 관련 복지시설에 대한 정부의 재정적인 후원과 입양가족에 대한 정책적인 배려가 따라야 함을 역설했다. 과연 지금은 얼마나 달라졌을까. 입양특례법에 따라 입양축하금 200만 원과 월 20만 원의 아동양육 수

당을 지원하고 장애아동을 입양할 경우 양육보조금 및 의료비 지원을 하는 것으로 안다. 물론 장애의 정도에 따라 지원되는 수당은 다르다.

대한이와 민국이를 입양한 후 아름다운 대한민국 가족이 되었다는 황수섭 전 고신대 교목 부부. 참 아름다운 사람들이었다. 23년이 흘렀으니 지금쯤 대한이와 민국이도 어엿한 청년이 되었을 터. 티 없이 밝고 명랑했던 두 형제가 어떻게 자랐을지 사뭇 궁금하다.

파란 눈의 레오 디메이와
'전쟁의 파문'

 2013년 어느 날 전화가 한 통 걸려 왔다. 우연찮게 유엔기념공원에서 일을 하게 되어 근무하고 있다는 캐나다 출신의 레오 디메이 씨였다. 지인에게서 소개를 받았다며, 책을 내고 싶은데 도움을 줄 수 있겠느냐고 물었다. 한국어가 서툰 그와 영어가 서툰 나, 우리 두 사람은 그럭저럭 서로의 용건을 이해했고 만남을 약속했다. 들어나 볼 요량이었다. 당시 우리 신문사가 사상구 삼락동에 있을 때라, 지하철을 타고 모라역까지 오면 내가 마중을 나가겠다고 안내했다. 그는 용케도 약속대로 모라역에 나타났다.

 키가 엄청 큰 파란 눈의 외국인이었다. 간단한 영어로 반갑게 인사를 나누었다. 사무실까지 동행하는 길 그는 많은 이야기를 쏟아냈다. 고개를 끄덕였지만 집중해 듣지 않으면 다 알아들을 수가 없었다. 일단 사무실에 가서 이야기하기로 하고 5분여 정도 걸어서 사무실에 도착했다. 다행히 그는 충분한 자료들을 준비한 터였고, 무슨 말을 하는지 의도가 무엇인지 핵심적인 이야기는 알아들을 수 있었다. 나는 책을 내겠다는 그를 흔쾌히 도와주기로 했다. 편집과 교열 등 원고 정리와 출판 전 과정을 도와주기로 하고 그다음 날부터 작업에 들어갔다.

그가 챙겨온 것은 수십 장의 편지와 일기 등 그동안 주고받은 서신들과 그가 써놓은 글들이었다. 결론적으로 말하자면, 레오 디메이 씨의 친엄마와 한국전쟁에 참전해 전사한 아버지, 그리고 그들을 둘러싼 한 가족의 이야기였다.

1953년 5월 캐나다 몬트리올 출생인 레오 디메이 씨는 1969년까지 북부 세츠케츠완 배틀퍼드에서 자랐고 이후 빅토리아 대학에 진학해 1982년 졸업 후 한국에 오기 전까지 빅토리아 시에서 직장생활을 했다. 아버지의 유해가 묻힌 한국에 와서는 학원 강사로 일하다가 재한유엔기념공원에 입사, 국제협력실장으로 일을 했다.

편지는 그의 어머니가 한국전쟁에 참전한 연인을 그리며 순간순간 그리움을 글로 적은 모음이었다. 아이가 생긴 것도 모른 채 전사한 남편(레오 디메이 씨의 친부)과 남편의 전사 사실도 모른 채 소식이 단절된 후 갖은 고생 끝에 유복자 아들 레오 디메이 씨를 출산한 이야기, 온갖 아르바이트로 연명하며 어렵사리 낳았지만 어쩔 수 없이 고아원에 맡기게 된 사연, 뒤늦게 자신의 실수를 후회하며 53년간 열정적으로 찾아 헤매다가 드디어 아들을 상봉하게 된 이야기 등도 함께였다.

아버지를 추억하려 친어머니와 함께 오타와의 한국전쟁기념관에 들렀던 레오 디메이 씨는 전사자 이름을 확인하고 아버지의 전우들을 만나 추억의 편린들을 모았다. 그것이 아버지를 찾기 위한 여행의 시작이었다. 그러던 2007년 어느 날, 레오 디메이 씨는 매년 11월 11일 열리는 'turn toward busan' 한국전 참전용사 초청 프로그램에 참석하게 됐고, 남구 대연동 유엔기념공원을 찾아 꿈에 그리던 아버지와 상봉했다. 비록 묘비 앞에서 이름 석 자와 대면한 게 전부였지만 그때부터 레오 디메이 씨는 특별한 한국행을 결심하게 된다.

이후 캐나다에서의 삶을 정리하고 다시 한국을 찾은 레오 디메이 씨. 먹고는 살아야 했기에 영어 강사로 한국 땅에서 제2의 인생을 시작했다. 그러다 유엔기념공원에서 일을 하던 친구가 건강상의 이유로 쉬게 되자 그를 대신해 유엔기념공원 일을 봐주게 됐고, 이후 친구가 영영 근무하기 어려울 정도로 회복이 어렵게 되어 본격적으로 유엔기념공원에서 관리인으로 근무하게 된다.

아버지의 무덤에 꽃을 바친 이후 펼쳐진 놀라운 삶의 반전, 그리고 그런 묘역에서 국제협력업무와 관리인으로 일을 하게 된 꿈 같은 인연을 글로 남기고 싶다는 것이었다.

한국전 참전으로 한 가족이 겪은 가슴 아픈 사연은 비단 레오 디메이 씨 가족만의 일일까마는, 한 나라의 전쟁이 태평양 건너 머나먼 이방 연인과 한 가족에 어떠한 파문을 일으켰는지 생각하면 참으로 먹먹하다. 전쟁의 파문과 질곡의 현대사를 다시 돌아보게 하는 이야기였다.

어머니는 진정 자신을 버린 게 아니라는 정서적 박탈감에서의 회복, 그리고 자신의 뿌리를 찾은 근원적인 충족감. 늘 어딘가 허전했던 가슴 한구석이 차오르는 느낌을, 어머니를 만나고 먼 이국땅에서 전사한 아버지의 존재를 알게 되면서 비로소 느꼈을 터.

배 속 아기에게 날마다 사랑의 언어로 말을 걸고 그런 사랑스러운 아기의 건강한 출산을 학수고대하며 뜨개질로 배내옷을 짓던 어머니, 홀로 집을 뛰쳐나와 아이를 낳기까지 고독하고 고단했지만 사랑과 정성을 다했던 어머니. 그런 어머니의 사정을 레오 디메이 씨는 뒤늦게야 알았다. 어머니가 순간순간 기록으로 남긴 눈물의 일기를 보며 그동안의 궁금증과 모든 원망이 사라진 것이다.

그리고 그런 어머니가 사랑하는 아들을 찾기 위해 열정적으로 찾아 나선 반백 년 피눈물의 세월을 이해하게 된 레오 디메이 씨는 딸아이와 아버지의 무덤 앞에 서 있을 때가 "인생 최고의 순간"이었다고 고백한다. 딸이 할아버지를 한 번도 만나지 못했다는 슬픔과 그의 숭고한 희생정신에 대한 자랑스러움, 아버지와 그의 전우가 한 나라에 평화와 안정을 가져다줬다는 뿌듯함과 큰 보람을 느꼈다는 레오 디메이 씨는 유엔기념공원에서 일할 수 있는 기회가 주어진 것은 또한 축복이라고 말했다.

이러한 내용들을 엮은 레오 디메이 씨의 책 『전쟁의 파문』이 2013년 11월 한글과 영어로 각각 출간되어 서점 어딘가에서 만나볼 수 있다. 꼭 10년 전의 일이다.

이 소설 같은 이야기를 편지글과 함께 풀어놓았던 레오 디메이 씨. 지금은 정년도 한참 지났으니 딸과 가족이 있는 본국으로 돌아갔을까. 날이 밝으면 전화를 걸어봐야겠다.

비밀의 집을 만든
여자

　　기자로 살아오면서 참 많은 사람을 만났다. 다양한 인간군상을 만나며 많은 것을 알게 되었고, 많은 생각을 하게 되었으며, 많은 지혜도 얻었다.

　　비록 이재와는 무관한 삶이었지만 무수히 많은 이들과 좋은 인연을 짓고 살았으니, 이보다 더 큰 복이 있을까 싶다. 그중에서도 이 땅의 많은 폭력 피해 여성들의 아픔을 보듬고 이들을 위한 쉼터를 마련해 새 희망을 꿈꾸며 살게 해준 한 여성이 가끔 떠오른다. 그를 통해 본 많은 여성들의 아픔과 여전히 해결되지 않는 고통들, 그리고 지금도 계속되는 여성들의 문제에 대해 많은 생각을 하게 되기 때문이다.

　　'부산여성의전화'와 '부산여성단체연합' 설립자인 이승렬 회장이 그 주인공이다. 사역을 하는 목사의 사모로 제4대 부산시의원(민주당, 비례대표)까지 지낸 그는, 2013년을 마지막으로 부산에서의 활동을 접고 자녀들이 있는 미국으로 훌쩍 떠났다.

부산을 떠나기 전 그는 살아온 인생 여정을 책으로 엮어달라고 내게 부탁했다. 그렇게 폭력 피해 여성들과 함께 해온 그의 23년간의 여성 인권 활동을 자전 에세이 형태의 책으로 펴내는 일을 도맡게 됐다. 책은 그가 미리 정해놓은 제목인 『비밀의 집』이라는 이름으로 출간되었고, 거기에 나는 '폭력 피해 여성들과 함께 해온 23년 인권 보고서'라는 부제를 달아줬다.

책은 여성인권운동에 대해 무지했던 한 여성이 폭력으로 사경을 헤매는 생존자들을 살려야겠다는 강한 의지와 믿음으로 열정의 23년을 달려온 경험을 담고 있다. 그는 여러 동료는 물론 모든 여성들과 이 이야기를 나누고 싶어 했다. 일선에서 뛰고 있는 후배들에게 도움이 되길 바라는 마음에서 경험을 정리하고자 했고, 무엇보다 본인이 활동하면서 해결하지 못한 부족한 부분을 후배들이 연구 과제로 삼아 정책에 반영될 수 있도록 함께 노력해 주었으면 하는 바람을 담았다.

대학에서 경제학을 전공하고 이사벨여고에서 학생을 가르치다 결혼한 이 전 회장은, 목회자 남편을 따라 미국 필라델피아로 건너가 교회를 세우고 목사 사모로 내조하며 살았다. 가난한 개척교회의 목사 아내로서 두 아들을 양육하며 직장 일까지 1인 3역을 거뜬히 해냈던 맹렬 워킹우먼이었다. 그런 중 기독교 상담 공부를 하러 웨스트민스터 신학교에 등록해 기독상담학 과정을 수료했고, 여성주의 상담에 눈을 뜨게 됐다.

1990년, 부부는 지금의 부전교회에서 담임목사로 초청한 것이 계기가 되어 15년간의 미국생활을 접고 한국으로 돌아왔다. 이승렬 전 회장은 미국에서 한 기독상담 공부를 바탕으로 기독교 상담센터를 오픈했다. 첫 내담자가 가정폭력 피해 여성이었다. 아기를 업고 걸어 들어오는 30대 정도의 여성은, 얼굴 반쪽이 깊은 화상을 입은 형편없는 몰골이었다. 남편이 펄펄 끓는 압력솥을 얼굴에 던져서 입은 상처였다. 결혼 8년 차의 이 여인은 폭력 남편을 피해 뛰쳐나왔다고 했다.

이렇듯 상담소를 차려놓고 보니 비슷한 사례의 폭력 피해 여성들이 죽을힘을 다해 거의 맨발로 폭력 현장을 뛰쳐나오다시피 한 사례를 자주 접했다. 이런 여성 피해자들은 맨몸으로 뛰쳐나오기 바쁘다 보니 오갈 데가 없었다. 그나마 상담소라도 알고 찾아온 여성들은 천만다행이었다. 이 전 회장은 이들을 상담하는 과정에서 피해자들에게 은신할 쉼터가 절실히 필요함을 느꼈다. 무엇보다 폭력 남편들이 아내를 끝까지 쫓아와 행패를 부리고 주변 사람들도 못살게 굴기 때문에, 친지나 가족들에게도 갈 수 없는 폭력 피해 여성들에게는 제3의 은신처이자 생활 쉼터가 필요했다.

첫 내담자와의 인연을 계기로 여성운동의 길을 걷게 된 이

전 의원은 나아가 여성의전화를 설립하고, 여성단체연합을 결성하는 등, 폭력 피해 여성들이 아이와 함께 기거할 수 있는 쉼터 마련의 기반을 다졌다. 가정폭력 및 성폭력 피해자들의 쉼터를 운영하는 법인인 지금의 '새길 공동체'를 설립한 이 전 의원의 큰 뜻은 현재 후배들이 이어가고 있다.

폭력 피해자?
아니, 생존자예요!

폭력 피해 여성들의 쉼터는 외부에 공개되지 않는다. 가해자인 남편들은 대체로 폭력을 피해 집을 나간 아내를 끝까지 추적하고 찾아내 괴롭히거나, 두 번 다시 폭력을 행사하지 않겠다고 싹싹 빌고는 다시 집으로 데려가 또다시 폭력행위를 반복한다. 그래서 아예 찾지 못하도록 쉼터 비공개를 원칙으로 하고 있다. 바로 이런 이유로 이 전 의원은 여성들의 쉼터를 '비밀의 집'이라고 이름 붙였다. 늘 가까이에서 폭력 피해 여성들을 접한 이 전 회장은 그들을 '생존자'라고 불렀다. 그만큼 상황은 처절했고 폭력은 끔찍했다.

그녀와 함께한 취재현장에서 보람을 느낀 일화가 떠오른다. 2001년 부산 서구 충무동 완월동 화재참사의 피해자인 집장촌 여성들을 위한 인권운동을 하면서다.(「부산여성신문」 2001년 2월 28일/4월 12일 보도).

당시 나는 취재 차 경찰 및 화재참사 공동대책위 관계자들과 함께 화재 현장을 직접 찾았다. 건물 내부가 완전히 전소된 게 아니라서 집장촌 여성들의 삶을 그대로 볼 수 있었다. 포주의 살벌한 눈빛을 피해 그녀들의 방 서랍을 열어보았다. 일기장과 일일 성매매 기록 장부를 보니 사람이 아니라 기계로 살았다는 생각이 들었다. 노예로 살다시피 해온 그들의 삶은 검게 그을린 벽지만큼이나 암울했고 처절했다. 무슨 빚은 그리 많은지…. 옷값, 화장품값, 식비까지 외출은 엄두도 낼 수 없는 빚더미에 갇혀 살아가고 있었다. 한 달 꼬박, 하루 많게는 10명 남짓 손으로 꼽을 수 없을 정도로 많은 손님을 받고도 빚을 질 수밖에 없는 구조 속에 살아가는 그들을 보자니, 차라리 이참에 새 삶을 찾는 기회가 되었으면 좋겠다는 생각이 들었다.

당시 이 전 회장은 부산여성의전화 대표, 부산여성단체연합 대표로 활동하면서 완월동 화재참사 공동대책위를 구성했다. 공대위는 사건 당시 피해 여성들의 보상을 이끌고 성매매 피해 여성들을 구제하기 위한 일을 했다. 나 또한 공대위로 현장을 취재하며 동참했다. 화재 당시 기도에 상처를 입어 건강 상태가 심각한 여성도 있었고 더 이상 성매매가 불가능하다고 판단한 업주들에게 맨몸으로 쫓겨난 여성들도 있었다. 보상비 한푼 없이 길거리로 내몰린 성매매 피해 여성들은 공대위의 지원에 힘입어 탄원서를 통해 자신들의 처지를 사회에 알리고 호소했다. 집장촌 여성들이 직접 입장문을 낸 사건은 처음이었다는 점에서, 전국의 매스컴에서도 큰 관심을 보였다.

당시 완월동 화재는 끔찍했다. 투숙객과 성매매 여성 4명이 숨지고 5명이 크게 다치는 사건이었다. 화재 발생 당시 비상구가 확보되지 않았고, 방범용 섀시 등 쇠창살은 더 큰 참사를 불렀다. 어쨌든 당시 공동대책위의 노력 등으로 피해 여성들은 최종 1인당 1천만 원의 보상비를 받아냈고 오갈 곳 없는 성매매 피해 여성들은 쉼터에 머물며 자립의 길을 모색할 수 있었다.

2001년 당시만 해도 '윤락행위방지법'에 따라 그야말로 '방지'와 '선도'를 목적으로 공공연히 성매매를 인정하는 분위기였기에, 피해보상을 끌어내기란 쉽지 않았다. 그나마 2000년 9월 군산 윤락가 화재사고 등 큰 인명 피해를 남긴 사건에 이어 잇단 윤락가 화재 참사로 사회적 이목이 집중된 사건이었기에 가능했는지도 모른다.

적은 금액이지만 이 같은 보상이라도 이루어질 수 있었던 것도 당시로서는 매우 획기적이다. 그나마 2004년 이후에는 '성매매방지 및 피해자 보호에 관한 법률'이라는 한층 발전된 개정법에 따라 인해 성매매 여성들도 피해자로 간주하고, 다양한 지원방안이 마련되기 시작했다. 성매매 피해자 및 성을 파는 행위를 한 자의 보호와 자립 지원을 위한 법적·제도적 장치가 마련돼, 필요한 행정적·재정적 조치와 국가 등의 책임을 법에서 명시하고 있다.

다시 이승렬 전 회장이 남긴 이야기로 돌아가 보자. 미국으로 떠나기 전 그는 못다 한 일을 후배들에게 부탁했다.

"가정폭력과 성폭력은 대물림된다. 가정폭력 환경에서 불안과 공포를 입고 성장한 자녀들은 자신이 받은 스트레스를 학교나 주변 사람에게 전이시킬 수 있다. 배우자의 폭력으로 분노가 억압되어 있던 아내는 그 스트레스를 자녀에게 전이시켜서 이유 없이 학대하는 경우도 많다. 이렇게 학대받은 아이는 성장하면서 자신도 모르게 학대하는 성인이 되는 악순환이 반복되어 독버섯처럼 우리의 가정과 사회를 병들게 한다. 또한 성적인 학대를 받은 경험이 있는 피해자도 성장하면서 자기가 받은 성적 학대를 누군가에게 반복할 가능성이 있다."

그래서 이 전 회장은 "지난 23년 동안 현장에서 피해자뿐만 아니라 가해자들도 많이 만날 기회가 있었는데 어떻게 보면 행위자 그들도 그 누구에 의해 학대를 받던 자들이고 보면 양쪽 다 치료를 받아야 악순환의 고리를 끊을 수 있고 가정과 사회가 건강해질 수 있다"며 피해자와 그 가족이 치료받을 수 있는 전문 센터를 만들고 싶었으나 뜻을 이루지 못해 그 과제를 후배들에게 맡긴다고 말했다.

상습적인 폭력자들은 지역마다 국가가 감호소를 설치하여 수용하고 거기서 폭력 인식교육과 인성교육, 심리치료까지 받고 귀가하도록 하는 조치가 요원하다. 이도 아니면 행위자 전문 교육기관을 설치하여 전문가들의 상담과 교육을 받고 그들의 평가에 따라 귀가하도록 하는 것이 바람직하다는 게 그의 전문가적 시각이었다.

현재 가정폭력 행위자 교육은 부산지역 관련 상담소들이 시행하고 있다. 교육은 법원에서 상담교육 명령을 받은 자들이 8~10명 정도가 되면 진행되며, 사전교육과 개인 상담, 그리고 집단 상담까지 6개월에 걸쳐 40시간 정도 받는다.

문제는 교육에 대한 행위자들의 사전·사후 개인별 평가가 법원에 반영되지 않는다는 맹점이다. 상담교육을 명령대로 이수했다는 것 외에는 별 의미가 없어 대책이 요구되는 실정이다. 필자 역시 실제 주변에서 이러한 사례를 많이 보고 있다.

단 몇 시간을 교육받았다고 해서, 폭력성이 잔재한 남편이 진정으로 개과천선할까. 적어도 교육 3년 후 그 가정의 폭력 환경이 얼마나 해소되었는지 평가할 필요가 있다. 형식에 그치는 상담교육이 되지 않게 하기 위해서는 사후관리가 반드시 필요하다. 그것이 오늘날 늘어나고 있는 가정의 해체를 막는 길이기도 하다.

진정한
'배움'과 '도리'

16년여 전 비락우유 조용호 사장님의 자서전을 집필할 때 들려주시던 이야기가 생각난다. 선친으로부터 한 노부부 일화를 통해 사람의 도리에 대해 배운 산교육 이야기다.

어느 시골의 노부모가 어렵게 자식을 공부시켜 아들이 판사가 되었단다. 시골에 사시는 노부부는 자식이 어지간히 보고 싶었지만, 바쁜 아들을 오라 가라 하기 미안해 자식을 보러 상경을 했다. 아들의 회사 사무실을 찾아가 아들을 찾으니 직장 동료가 "저분들이 누구시냐"고 물었다. 그러자 아들은 "옛날 우리 집에 머슴으로 살던 내외다"라고 말해 늙은 부모가 충격을 받았다는 이야기다.

부모를 천대하고 푸대접한 불효막심한 판사 아들 이야기에 어린 나이에도 충격을 받았었다는 그의 말에 옛 어른들이 '못 배웠다', '못 배워 먹었다', '못됐다'라고 한 말의 진짜 의미가 무엇인지 알 것 같았다.

"아무리 교육을 많이 받고 판검사가 되면 뭣하고 석박사 학위를 받은들 무슨 의미가 있을까"라며 당시 조 회장님이 들려주신 그 사례는 가끔씩 떠오른다. 그러고 보니 옛 어른들은 지식보다 도리를 배움의 기본으로 삼은 모양이다. 가방끈이 짧다고 '못 배웠다'고 탓하는 법은 없지만, 됨됨이가 사람되지 못할 때, 못 배웠다는 소리를 하는 것을 보면 그렇다.

우리는 사회에서 참 많은 것을 배우며 살아간다. 남이 하는 행동을 보고 배우고, 영화나 드라마를 통해 배우고, 다큐 등 교양프로그램을 통해 배운다. 책을 통해 배우고, 다른 사람의 이야기를 통해 배우고, 세상에서 경험하고 마주하는 많은 것들에서 매순간 배우고 살아간다. 이 배움은 단순히 세상을 살아가는 데 불편함이 없도록 하는 것을 넘어 삶의 지혜와 사람의 도리도 함께 배우는 것이고, 이러한 세상의 가르침은 도덕과 양심의 기준, 가치판단의 기준이 되기도 한다.

나 역시 제도권 교육에서 배운 이론적인 것들보다 사회에서 부딪히며 사람을 통해, 또는 삶과 맞닥뜨리며 문제를 해결하며 배운 것들이 더 많다. 학부와 대학원에서 국문학, 사회복지학, 신문방송학까지 다양한 학문 분야를 공부했지만, 책 속의 지식은 사실상 살아가는 데 큰 도움이 된 것 같지는 않다.

오히려 삶의 현장에서 많은 것을 터득했다. 현장에서 만난 사람들과 상황들이 가치 판단에 많은 도움이 되었고, 이러한 간접경험들은 결과적으로 다양한 상황을 이해하고 어떠한 문제 앞에서도 차분히 해결할 줄 아는 지혜를 심어주었다.

인터뷰이들에게서 압축된 노하우와 삶의 지혜를 배웠고 그냥 귀 밖으로 흘려버리지 않았다. 그들의 고귀한 지식과 지혜는 차곡차곡 뇌리에 저장돼 때때로 백과사전 같은 정보의 창고 역할을 하기도 한다.

그렇다고 학교에서 배운 지식이 무의미하거나 쓸모없다는 것은 아니다. 실생활에 유익할 때도 많다. 요즘은 늙어 죽을 때까지 배우고 살아가는 평생교육의 시대이다. 백세시대에 노후를 보람 있고 알차게 보내기 위해 삶에 도움이 되는 다양한 공부를 하는 사람도 많다. 제2의 제3의 인생을 준비하는 사람들이나, 적성을 찾아 새로운 삶에 도전하는 사람들에 이르기까지 관심 분야 기술을 익히기 위해 끊임없이 도전하며 배움을 선택하는 사람들이다.

그러고 보면 살아있다는 자체가 배움의 길이다. 인생의 배움 길에서 나이가 들수록 내면의 세계도 함께 성숙해지기를 소망한다.

진짜 이순신을
만나다

　　평소 가장 존경하는 인물이 누구냐고 물으면 주저 없이 답하는 위인이 바로 이순신이다. 유비무환의 정신으로 나라를 구하고 왜적으로부터 나라를 지킨 훌륭한 인물이라는 이유에서다. 대한민국 국민이라면 누구나 그를 존경하듯이 나 또한 존경의 이유가 다른 데 있지 않았고, 위인전에서 그려진 그대로 그의 훌륭한 업적들 때문이었다. 한 번도 이순신에 대한 인물 탐구나 진지하게 관심을 가져본 적이 없었기에 단순히 충효의 표상인 그의 기개와 의로움이 존경스러울 뿐이었다. 그러던 내게 이순신이 내 일상을 바꾸고 생각을 견고하게 하고 삶의 목표를 다시 세우게 하는 인물로 다시 살아나는 계기가 있었으니, 바로 '이순신 지도자과정'을 통한 새로운 이순신과의 만남이다.

　　2014년 지인에게서 처음 이순신 지도자과정에 대해 들었다. '청목회'라는 단체에서 전액 장학금으로 이순신 지도자양성 교육을 실시했는데, 제2기부터는 본격적으로 아카데미를 운영한다며 수강을 권유했다. 이순신 지도자과정 1기 출신인 지금의 부산대첩기념사업회 이사 박병대 송월타올 회장이시다. 제안한 분도 훌륭한 분이시지만 온 국민이 존경하는 이순신에 대해 공부한다고 하니, 구미가 당겼다.

그렇게 이순신과 인연을 맺고 한 달에 한 번 이순신 전도사 김종대 전 헌법재판관님의 강의를 들으며 점점 더 이순신에 매료되었다. 이순신 지도자양성과정 2기는 2015년 3월부터 시작돼 연말까지 이어졌다. 이미 훌륭한 지역 인사들이 1기를 수료했고, 수료한 분들 모두 이 과정에 대한 자부심이 보통이 아니었다. 아니나 다를까. 직접 겪은 이순신교육과정은 훌륭했다. 지금까지 많은 대학의 AMP 과정을 이수했지만 해당 과정은 그중에서도 아주 독특한 리더십교육과정이었다. 초창기엔 매월 넷째 주 월요일 저녁 강의가 열렸고 1부 강의 수강 후 2부부터는 수강생들이 직접 발표하고 토론하는 형태로 진행되었다.

이 강의의 독특한 매력은 이순신의 업적 탐구가 아니라 이순신 장군이 평생 일관되게 실천해 온 정신과 그를 성공한 지도자로 만든 리더십의 원천이 무엇인지 내면의 가치를 알아가고 그것을 실천으로 귀결되도록 하는 데 있었다. 즉, 이순신의 훌륭한 리더십 밑바탕에 감추어진 뿌리가 무엇인지 찾고 어떻게 발현되어 위대한 성공으로 연결되는지를 알아 감으로써, 위기를 직면했을 때 극복하고 대처하는 방법으로 활용하고 배우고자 하는 과정이었다. 이순신의 훌륭한 품성과 인격을 이루는 바탕인 사랑·정성·정의·자력이라는 가치들을 정립해, 사회문제 해결의 알약으로 처방하기를 주문하는 김종대 전 헌법재판관의 주장이 매우 설득력 있게 다가왔다.

이순신 지도자를 전국적으로 길러내는 일을 해온 김종대 전 헌법재판관에게서 시작된 이 일은 이후 작은 이순신 양성사업으로 계속해서 이어졌고 이순신 정신 선양사업을 위해 2016년 지역별 여해재단이 만들어지기에 이르렀다. 이 사업은 여수, 서울, 부산에서 각각 전개되어 오늘에 이르고 있으며, 지역별 다양한 기념비적 사업과 교육사업을 추진하고 있다.

나는 이순신 정신 선양사업을 계획하고 추진해 온 김종대 전 헌법재판관님의 제의로 2016년 부산여해재단 설립 초창기에 이사로 참여한 후 7~8년째 동참하고 있다. 이순신 지도자과정을 통해 이순신의 4대 실천 정신에 아주 깊이 공감하면서 오늘날 반드시 필요한 시대정신임을 절실히 느끼고 있다.

지역사회와 국가를 위해 봉사할 기회가 있다면 이 4대 정신이 공적인 역할에 참으로 훌륭한 자산이 될 것이라고 확신한다. 또한 많은 공직자들이 반드시 사표로 삼아야 할 가치임을 재확인하고 있다.

사단법인 부산여해재단은 산하에 별도의 사단법인 '부산대첩기념사업회'를 추가 설립했다. 부산 앞바다에서 왜적을 크게 무찌른 부산포해전, 일명 부산대첩을 널리 알리고 부산대첩 승리의 정신을 시대정신으로 삼기 위해서였다. 부산시민의 날이 탄생하게 된 배경과도 무관치 않은 부산대첩 승전일은 부산시민이라면 누구나 기리고 새겨야 할 일이다.

우연이든 필연이든 이순신과의 새로운 만남은, 내 삶의 과정에 반드시 거쳐야 할 준비의 과정이 아니었나 싶다. 돌아보면 지난 7~8년의 세월이 허투루 쌓아온 여정은 아니었음을 느낀다. 이웃을 위해, 나라를 위해 공공의 명분으로 일을 하려는 봉사자들이라면 반드시 새겨야 할 가치와 신념을 체득할 수 있도록 기회를 만들어 준 게 아닌가 생각한다. 정의와 신의를 최고의 실천 가치로 삼아온 내게, 보다 견고하고 확실한 내면의 가치체계를 정립할 수 있도록 굳건히 붙들어 준 게 바로 이순신의 4대 정신이다.

나라 사랑, 가족 사랑, 부하 사랑으로 충만했던 애국애민의 삶, 지극히 정성스러웠던 정성 일념의 삶, 선공후사의 정신으로 바른길을 추구했던 정의로운 삶, 어떠한 난관에 부딪히든 스스로 해결하려 했던 자력의 삶…. 스스로 실력을 연마하여 그것이 곧 신념으로 이어져 위기 극복의 근원이 되었던 이순신의 생애는, 이후 무슨 결정을 하든 내 삶에서도 소중한 판단 기준이 될 것이다.

그리고 이제 예비된 그 어떤 길에서든, 부닥치는 문제 앞에 당당하고 의기왕성하게 대처할 힘이 생겼다. 스스로의 가치 판단 기준이 분명하기 때문이다. 단단히 정신 무장을 시켜준 이순신 전도사 김종대 명예 이사장께 무한한 감사를 드린다.

Part 3

언론사 대표로 일하면서도 NGO 활동가 같은 마인드로 일해 온 나는 각종 사회문제나 여성계 이슈가 발생할 때마다 목소리를 내는 데 동참했고 펜을 들었다.

데스크 단상, 칼보다 펜

승리 2022!

여성을
생각하다

여성 100인 행동 선대활동

1 조국규탄 기자회견 여성 100인 행동
2 여성 정치 참여 확대를 위한 총연대 상임대표 활동 시절 여성 공천 확대를 촉구하며
3 부산 5개 여성단체 총연대 연합토론회

2030부산엑스포가 개최되기를 이토록 진심으로
염원하고 기도한 적이 있었던가 싶을 정도로,
지난 한 해는 온통 엑스포에 대한 열망으로 가득 찼었다.
부산지역 여성들도 팔을 걷어붙이고 시민사회의 지속적인
관심과 에너지를 이끌어내는 데 촉매제 역할을 해왔다.

1 2030부산세계박람회 유치 범여성협의회 출범(2022. 9)
2 엑스포 실사단장과 함께

1 엑스포 실사단과 함께 시민간담회 후
2 2030부산세계엑스포유치 100만인 서명운동과 전국 여성 대표단 초청 북항 엑스포 부지 견학 현장설명

여성을 생각하다

대안 없이 폐지라는 이슈에만 매몰돼 예산과 조직 재편성 및 처리에 급급해 조직을 가동한다면 생산적인 업무를 수행할 수도 없는 부처가 되고 만다.

여가부 폐지, 최선인가

언젠가부터 우리 사회는 성별 갈라치기와 젠더갈등으로 몸살을 앓고 있다. 여성혐오는 각종 사회범죄를 유발하기에 이르렀고 여성들의 분노는 하늘을 찔렀다. 그런 분위기 속에 20대 대선 당시 정치권에서 불을 지핀 젠더갈등은 '이대남' '이대녀'의 충돌로 이어졌고 또 한 번 사회를 극명하게 둘로 갈라놓는 역할을 했다.

여성가족부의 폐지론 이야기는 어제오늘의 이야기는 아니지만 폐지론이 또다시 불거진 것은 20대 대선 무렵이다. 여의도 연구원의 여론조사 결과 국민 과반이 여성가족부(이하 여가부)를 폐지해야 한다는 입장에 찬성하고 있는 것으로 나타났기 때문이다. 이후 진행된 여론조사들은 특히 20대에서 여가부 폐지 의견이 가장 높다는 조사 결과를 내놓았다. 이 때문인지 몰라도 당시 윤석열 대통령 후보는 '여성가족부 폐지'를 공약으로 제시했다. 그리고 그 뜻은 아직도 변함없음을 보여주듯 여가부 장관 임명자들도 과업이 목표가 아니라 단지 폐지를 위한 수순을 밟을 책임자들로 소임을 다하겠다는 입장을 내비쳤다.

아이러니하게도 폐지를 위해 청소부 역할을 할 장관을 임명하는 셈이다. 곧 없어질 부처의 장에게 무슨 힘이 실릴까마는 언제 어떻게 어떤 식으로 해체될 것인지에 대한 설계 없이 임명되는 부처 장관은 사실상 좌표를 잃은 선장에 다름 아니다. 그럴진대, 잼버리와 같은 국제행사를 총괄하는 부처 관계자들이 책임과 열성을 다해 일할 수 있는 분위기였을지 미루어 짐작이 간다.

사실상 여가부가 존폐위기에 놓인 시한부 처지가 된 것은 20대 대선 이전인 문 정권에서의 실책에 있다. 부처로서의 소명과 역할을 다하지 못했기 때문이다. 결과적으로 놓고 보면 여가부 폐지는 시기상조다. 아직도 다양한 여성문제들이 해결되지 않았고, 현안도 산적해 있다. 대한민국의 여성권한 척도와 각종 지표를 보면 아직도 OECD 회원국 중하위권 수준에 머물고 있다. 특히 정치참여 및 의사결정권 영역의 여성 참여 비율은 형편

없는 수준이다. 21대 국회의원 298명 중 여성 의원은 19.1%인 57명이고, 광역단체장은 여성이 전무한 데다 여성 기초단체장은 226개 지역 중 단 7명인 5.8%에 불과하다. 2023년 국제의원연맹 통계에 따르면, 한국의 여성 의원 비율 순위는 121위다. 이는 2023년 경제협력개발기구(OECD) 평균인 33.8%에 훨씬 못 미치는 수준이다. 세계 경제 10위권의 선진국 반열에 오른 나라라는 게 부끄러울 정도로 떠들썩한 사회 분위기에 비해 실제 여성의 지위는 낮다. 높아진 학력에 비해 여성의 임금 수준도 여전히 남성의 60% 수준에 불과하다.

여성가족부의 업무는 크게 네 부분으로 나뉜다. 여성의 권익 증진을 위한 여성정책의 총괄 기획, 청소년 복지업무, 다양한 가족정책과 다문화가족 정책 등 성폭력 가정폭력을 비롯한 폭력 피해 예방 사업까지 아직은 많은 과제를 떠안고 있는 부처로서 역할이 산재한데 폐지를 하겠다니, 여성들의 반발이 만만찮은 것이다.

다문화가정 100만 시대에 살고 있는 현재 이주민들과 다문화가정 2세들의 교육 및 취업 문제를 비롯해 1인 가구를 비롯한 다양한 가족 형태의 출현에 따른 가족 문제와 저출생 초고령 사회시대, 인구절벽의 시대 당면하고 있는 우리의 현실은 오히려 이전보다 훨씬 더 전담 부처의 역할이 절실히 요구되고 있다.

비록 여가부 폐지가 대선 공약이고 해결해야 할 과제이긴 하나, 정부 조직 및 부처 개편이 우선하지 않은 상태에서 단순 여가부 폐지는 혼란만 가중시킬 뿐이다. 곧 폐지할 부처 장관을 임명한들 업무에 능률이 오를 리가 없다. 대안 없이 폐지라는 이슈에만 매몰돼 예산과 조직 재편성 및 처리에 급급해 조직을 가동한다면 생산적인 업무를 수행할 수도 없는 부처가 되고 만다. 실제로 기존의 많은 여가부 예산이 줄줄이 삭감되는 일이 벌어지고 있고, 이제 그야말로 무늬만 여가부인 소규모 부처로 겨우 명맥만 유지하기에 이르렀다.

그러나 안타깝게도 20대 대선에서 사전 여론조사와 같이 우려했던 부분은 크게 표심에 반영되지 않았다는 결과치도 있다. 20대 남성은 윤석열 후보에, 20대 여성은 이재명 후보에 표심이 결집된다는 '몰표' 양상이 나타나지 않았던 것이다. 이쯤 되면 좀 더 신중하게 검토하고 여론을 반영하는 기회를 가져야 하지 않을까. 필요하다면 공약을 재수정하는 방법도 강구해 보아야 한다.

어쨌건 당초 여가부의 폐지론이 불거져 나온 데는 문재인 정권 당시 정권의 실책에 있다. 고 박원순 전 서울시장의 권력형 성범죄 사건 당시 피해 여성을 옹호하고 진상조사를 촉구하는 등 대책을 강구하기보다 오히려 피해 여성을 '피해 호소인' 운운하며 사전 정보를 노출하고 부적절한 대응 태세를 보이면서 여론의 뭇매를 맞았다. 이쯤 되면 여가부가 왜 필요하냐는 것이었다. 권력자의 성희롱 사건을 은폐하는 데 도움을 준 여가부에 대한 당시 국민적 실망감은 극에 달해 있었다. 여가부의 필요성을 외쳤던 여성들마저도 외면할 정도로 여가부의 대응태세는 여성들의 공분을 사기에도 충분했다.

여가부의 부적절한 처신과 대응은 여기서 그치지 않는다. 위안부 피해 할머니들의 정의기억연대 실태 고발과 기자회견을 통해서도 밝혀졌듯이 정의연의 투명하지 못한 기금 운영과 부실한 회계처리가 문제가 되었을 당시, 수억 원의 기금을 지원해준 여가부도 기금 지원처에 대한 부실한 관리로 비난의 화살이 꽂히게 됐다. 이로 인해 여가부도 치명타를 입게 되었고 존립 자체에도 부정적인 시각이 팽배해졌다.

당시의 정권하에서 부처의 장으로서 임명권자의 눈치를 보고 대응하는 것은 어찌 보면 당연할지 모르나, 모두 다 자업자득의 결과를 초래한 사건들이었다.

그러나 이제 새 정권이 들어섰고 업무 환경도 바뀐 현재 당시와는 상황이 다른 만큼 현 시점에서 전면 검토가 필요하다. 정권이 바뀔 때마다 감정적으로 처리해야 할 문제가 아니라는 것이다. 출범 당시 정부 조직 개편이 따랐으면 좋았으련만 어차피 정부 조직 개편 없이 임명하는 부처 장관이라면 폐지가 업무의 우선순위가 되어서는 안 된다. 존재하는 한 목적사업에 맞게 최선을 다하고 부처 조직원들의 업무 역량을 이끌어내 일할 수 있는 환경을 조성해야 하는 것이다. 그런 점에서 볼 때, 김행 여가부 장관 내정자의 "드라마틱하게 엑시트하겠다"는 멘트는 여가부 전 조직원들의 사기를 떨어뜨리는 말일 뿐만 아니라 내정자로서도 적절치 않은 표현이었다.

비록 대통령 공약이긴 하지만 부처를 이끌며 정책을 수행하면서, 즉 소임을 다하면서 과연 어떻게 하는 것이 옳은 방침인지 면밀히 검토해 보겠다고 답변하는 것이 옳을 것이다.

아직도 곳곳에서 여성과 약자에 대한 폭력은 여전하고 우리 사회 새로운 아젠다를 형성하는 신문화세대인 청소년들의 사회적 욕구도 커져 가고 있다. 1인 가구를 비롯 다양한 가족의 출현과 저출산 초고령시대 돌봄 문제는 우리 사회가 다시 한 번 면밀히 살펴야 할 국가적 현안이 되고 있다. 이러한 중차대한 업무를 담당해 온 전담 부처가 구체적인 대안 없이 뿔뿔이 흩어지게 하는 해체 작업을 앞두고 있다니, 참으로 안타까운 일이다.

2023. 9.

여성을 생각하다

차별적 분위기 속에서 여성이 사회에서 기반을 잡고 성장하기란 참으로 쉽지 않다. 때문에 그럴수록 더 많은 여성이 정책을 입안하고 결정하는 과정에 참여해야 한다.

여성, 그 원죄

만약 그가 남성이었어도 그랬을까. 매스컴은 일제히 세월호 7시간 운운하며 온갖 억측과 상상력을 발휘해 확인되지 않은 루머를 양산했다. 신뢰가 추락한 지도자를 서서히 벼랑 끝으로 내몰 준비가 착착 진행되었다. 최고 권력자의 측근 비리가 뉴스를 도배하고 아지매 비선 실세와 국사를 논했다는 한심한 작태는 더 큰 비난을 샀다. 싸잡아 도저히 용납할 수 없는 권력남용죄로 몰아갔고 2016년 탄핵으로 이어졌다. 눈덩이처럼 부풀어진 죄의 대가는 컸다. 최고 권력에 올랐던 국내 최초 여성 대통령은 비참한 최후를 맞이했다.

돌이켜보면 지난 몇 년간 우리가 보고 느끼고 통탄해마지 않았던 억장 무너지는 일들이 얼마나 많았던가. 권력남용을 밥 먹듯 해도 손 하나 쓰지 못할 정도로 무력하기만 했고, 이전보다 더한 꼴을 보고도 살았는데 우리는 유독 힘없는 여성 지도자에게만 엄중했고 과감히 단죄했다. 우리 사회가 아직도 얼마나 여성들을 하찮게 여기고 들이대는 잣대가 깐깐하고 관대하지 못한지 박근혜 전 대통령의 탄핵에서 여실히 보여줬다. 따지고 보면 여성이 원죄인 셈이다.

대표성을 가진 여성 리더들은 언제든 공격의 대상이 된다. '어디 잘하나 두고 보자'식으로 관망하다가 허점이 노출되는 순간 여지없이 마녀 사냥식으로 몰아붙이고 단죄하는 게 우리 사회다. 오랫동안 고착화된 여성비하와 차별인식의 잔재다. "여자들이 해봤자 그렇지 뭐….", "그러니까 여자지…." 결과가 좋지 않을 땐 유독 여성들에게만 여자라는 이유가 꼬리표처럼 붙는다. "남자니까 그렇지 뭐.", "그러니까 남자지."라는 말은 잘 하지 않는다.

이런 차별적 분위기 속에서 여성이 사회에서 기반을 잡고 성장하기란 참으로 쉽지 않다. 때문에 그럴수록 더 많은 여성이 정책을 입안하고 결정하는 과정에 참여해야 한다. 실력 있는 여성들이 사회에 많이 진출하여 세상을 변화시키는 주체가 되어야 하고, 진가를 발휘할 기회가 많아야 인식의 변화도 초래할 수 있다. 그래서 여성들이 동등한 기회를 요구하는 것이다. 비록 절반도 아니고 옹색하지만 소수집단이 목소리를 낼 수 있는 최저 임계치인 30%를 수십 년째 외치고 있다.

지난 20대 총선 당시 필자도 많은 여성이 국회에 진입하기를 소망하며 국민의힘 부산선대위에서 공동선대위원장으로 참여하며 지원운동을 폈던 적이 있다. 입후보 등록 막바지에 임박하여 총선을 준비하다가 뜻을 접고 정권을 교체하는 데 미력하나마 도움이 되고자, 일할 준비가 된 사람들을 열심히 응원하고 지원해주는 일도 정치의 한 영역이라 생각하고 열심히 뛰었다.

당시 총선에서는 보수정당으로서는 미래통합당(현 국민의힘)이 이례적으로 비록 경선 후보였지만 지역구에 여성 후보들을 적극 배치하고자 노력했고, 전략공천을 통해 부산지역도 여성 후보 3명이 본선에 올라 당선되는 쾌거를 올렸다. 아직까지는 조직, 선거자금, 인지도 면에서 열세한 여성 정치신인들에게 경선은 본선보다 험난한 과정이다. 살아남을 확률도 낮다. 제도적 틀이 마련되지 않고는 뛰어넘기 어려운 허들이다.

국내 여성 국회의원 비율이 19.1%에 불과한 현재 아직도 양성평등의 길은 멀다. 하지만 그동안 조금씩 변화와 진전이 있었던 만큼 21대에는 최소한 30%의 비율이 채워지기를 기대해

본다면 지나칠까. 국제투명성기구에 따르면, 공공분야에 여성 비율이 높을수록 부패 수준이 낮아진다는 보고도 있다. 실제로 2023년 기준 국가 청렴도지수가 높은 나라들을 보면 여성 국회의원 비율이 높은 나라들이 많이 차지하고 있어 그 연관성을 보여주고 있다. 국가 청렴도 1위인 덴마크는 여성 국회의원 비율이 39.7%이고, 2위 국가인 뉴질랜드는 48.3%, 공동 2위인 핀란드는 46.0%, 4위인 노르웨이는 44.4%이다.

더 이상 여성이 원죄인 시대가 아니라 여성이 득(得)이 되고, 복(福)이 되는 시대로 만들어야 한다. 그러기 위해서는 여성의 정치 참여를 실질적으로 높이고 여성의 대표성을 확보할 수 있는 입법과 제도 보완 장치가 있어야 한다. 여성 공천 30% 비율을 의무화하는 공직선거법 개정과 같은 적극적 조치가 필요하다.

2023. 9. 25.

여성을 생각하다

여성들의 분노가 결집하는 '현상' 그 자체에 집중해야 한다. 이러한 사건이 벌어지도록 방치된 사회구조와 사회안전망에 대한 재점검 차원에서 진지하게 성찰해 볼 필요가 있다.

여성이
안전한 사회를

"엄마, 칼빵(칼을 휘둘러 기습적으로 테러를 가하는 행위에 대한 비속어) 조심해!"

강남 지하철역 인근 화장실 묻지마 살인사건 이후에 대학생 딸아이가 일 때문에 매일 밤늦게 귀가하는 엄마를 걱정해서 던진 말이다. 요즘 흉흉한 사건 때문에 가슴을 쓸어내렸던 지라 밤길 조심하라고 정작 엄마가 해주고 싶었던 말인데, 딸이 먼저 엄마의 귀갓길을 염려하는 세상이다.

서울, 부산, 대구 전국 각지에서 묻지마 살인사건에 대한 경각과 여성혐오 범죄에 대한 각성 등 사회안전망을 촉구하는 여성들의 외침이 일파만파 사회운동으로 확산되고 있다.

언젠가 나 자신이, 우리 가족이, 내 이웃이, 나의 동료가, 그런 끔찍한 사고의 당사자가 되지 말란 법이 없다고 생각하면 정말 소름 끼치는 일이 아닐 수 없다.

지금 우리 사회가 한 여성의 죽음 앞에 이토록 분노하고, 깨알 같은 아픔을 촘촘히 나누고, 눈물로 얼룩진 포스트잇 물결이 가을바람 들불처럼 번지고 있는 것도 그 희생자가 바로 내가 될 수도 있다는 두려움 때문에 슬퍼하고 분노하는 것이다.

불안한 사회다. 치안 하나만큼은 자랑하는 대한민국도 정신분열증 환자의 돌변 행동만큼은 어쩔 수 없는 모양이다. 그동안 성폭력 범죄자에 대한 관리 문제에 대해서는 여러 시행착오 끝에 인권 운운하며 현대판 주홍글씨니 뭐니 해도 신변고지를 통해 경계심을 갖도록 제도적 보완 장치까지 마련하는 등 적극적 태세를 취하기도 했지만, 정신병력 소유자들에 대한 관리는 상대적으로 허술했던 것은 사실이다.

자기 절제나 이성적 판단이 어려운 정신분열증 환자들의 경우, 때로는 시한폭탄과 같은 중증 위험관리 대상도 있기에-물론 모두가 다 그런 건 아니겠지만-정상인보다 범죄 유발 또는 범죄의 환경에 노출될 가능성이 크므로 체계적 관리가 필요하다.

이참에 정신병력을 가진 환자들에 대한 사후관리가 체계적으로 이루어지고 있는지 꼼꼼히 점검하고 살펴봐야 한다. 단지 "여자들이 나를 무시해서 그랬다"는 범인의 진술에 무게중심을 두고 경찰은 한 정신분열증 환자의 묻지마 살인사건으로 성급히 단정한 감이 없지 않지만, 그렇게만 결론 짓기엔 그동안 우리 사회 여성 또는 사회적 약자들은 너무나 많은 폭력의 위험 속에 노출되어 왔고 피해를 입어 왔다. 여성혐오 범죄에 대한 사회적 각성과 범죄자들이 사회적 약자를 범죄의 대상으로 삼는 경향에 대해 다시 한 번 진지하게 생각해 보게 하는 사건이 아닐 수 없다.

성폭력특별법이 제정된 지도 오래고 그에 따른 처벌도 훨씬 가중되어 법적으로 엄중히 다루어지고 있음에도 우리 사회에서 성폭력은 여전히 근절되지 않고 있고 여성은 각종 폭력으로부터 안전하지 못하다.

최근 경찰청 통계에 따르면 성폭력 발생 건수는 2010년 1만 8,256건, 2011년 1만 9,498건, 2012년 2만 2,004건, 2013년 2만 8,732건 등 매년 1,500여 건이 증가하고 있으며, 지난 2014년 기준 10만 명당 58.2명으로 10년 전(2005년)보다 2.5배나 증가한 수치다.

이뿐 아니다. 데이트폭력도 점차 잔혹해져가고 살인으로까지 이어지기도 한다. 경찰청 조사 결과 지난 1개월간 전국 데이트폭력 집중 신고기간 중 무려 1,279건의 피해가 접수된 가운데 868건이 입건되고 61건이 구속되었으며, 대부분이 폭행 상해(61.9%) 및 체포 감금 협박(17.4%)이나 성폭력(5.4%), 살인미수

(2건)로 나타났다.

사회는 지금 갑론을박 말이 많다. 단순한 살인사건을 두고 여성혐오다, 남성 대 여성 성 대결이다, 남성을 가해자 여성을 피해자로 규정짓는 사회적 분위기에 대한 경계 등을 우려하는 목소리도 불거지고 있다.

거듭 말하지만 이번 사건의 중요성은 단순 묻지마 범죄, 한 정신병자의 살인 행위만은 아니다. 여성들의 분노가 결집하는 '현상' 그 자체에 집중해야 한다. 이러한 사건이 벌어지도록 방치된 사회구조와 사회안전망에 대한 재점검 차원에서 진지하게 성찰해 볼 필요가 있다.

상대적으로 범행의 대상이 되기 쉬운 여성과 사회적 약자들이 안심하고 살아갈 수 있는 환경과 시스템을 마련하고, 이번 사건을 계기로 우리 곁에 놓인 위험 요소들을 꼼꼼히 점검하고 돌아보는 기회로 삼아 다시는 불행하게 희생당하는 우리의 이웃이 없도록 해야 한다.

2016. 5.

여성을 생각하다

마구잡이식 법안 발의 남발보다 국민 절반의 여성들이 무엇을 요구하는지 그 눈높이에서 연구하고 법안을 모색하는 일도 중요한 역할임을 인식하고 여성 의원 공동의 숙제로 삼길 바란다.

입법전쟁 속
여성 국회의원들의 역할

21대 국회 출범 한 달 만에 의원들의 입법 발의 건수가 1천여 건을 넘겼다고 한다. 국가 발전을 견인할 여야 협치와 국회의 정상화는 요원한 가운데, 입법기관의 역할자답게 의원들의 입법 발의 의욕은 넘치다 못해 과열 양상을 보이고 있다.

20대 국회에서 발의된 총 법안 건수는 2만 4000여 건. 그러나 처리율은 37.8%에 지나지 않았다. 21대 국회의원들의 이 같은 초기 추세를 감안할 때 21대 총 법안 건수는 3만여 건이 훌쩍 넘을 것이라는 예측도 나온다. 문제는 얼마나 실효성 있는 법안을 효율적으로 처리하느냐가 관건이다. 임기 4년 안에 그 많은 법안을 다 통과시킬 수 있을지 의문이다.

실제로 지난 17대부터 국회법안 건수와 처리 비율을 보면 매번 입안 건수는 갈수록 증가했으나 처리율은 17대 57.7%, 18대 54%, 19대 44.9%, 20대 37.8% 수준으로 점점 낮아지고 있다. 문제는 의원들의 법안 발의 실적 건수 쌓기 때문이다. 4년의 한정된 기간 남발되는 법안이 늘수록 처리율은 떨어질 수밖에 없다.

내실 없는 법안 발의를 없애기 위해서는 의원들의 평가 기준도 달라져야 한다. 국민과 국가에 얼마나 유익한 법안인지, 통과된 법안인지, 실효성이 있는지를 기준 삼아야 할 것이다. 아울러 의원 개인당 지나친 입법 발의 건수를 막는 제한도 필요하다. 이런 상황 속에서도 절대 외면해서는 안 될 주요 민생 법안들은 여야의 정치적 이익을 떠나 머리를 맞대 숙의하고 방망이를 두드려야 한다.

이는 국민의 혈세로 일을 하며, 국민의 대변자로 역할을 위임받은 자들로서 마땅히 해야 할 책임있는 자세이다. 또한 국회의원들이 지역균형발전을 개선하고 지역민의 삶의 질을 높이는 법안이라면 검토해볼 만하겠지만, 국가발전을 위한 나라일보다 지역구 일에 더 급급해서는 안 된다.

너무 작은 지역의 이기를 위해 입법 남발을 자제해야 정말 필요한 법안들이 검토되고 제정되는 기회를 잃지 않게 될 것이다. 이번 국회는 의원 300명 가운데 57명이 여성으로 채워졌다. 의사결정구조의 임계치인 비율엔 미치지 못하지만, 여성과 약자들을 대변해 줄 이들의 역할은 지역 민원 챙기는 이상으로 매우 중요하다.

국민의 절반인 여성들이 법 제정의 필요성을 호소하며 숱하게 반복 상정했던 여성 관련 법안을 통과시키는 데도 힘을 모아야 한다. 무늬만 여성인 국회의원 소리를 듣지 않으려면 여성 문제의식과 전문성도 갖추어야 한다. 때때로 일부 여성 의원들은 성 인지 감수성을 제대로 갖춘 남성 의원만 못할 때도 있다.

여성 국회의원들의 비율이 조금씩 높아진 만큼 정책도 제도도 달라져야 할 것이다. 마구잡이식 법안 발의 남발보다 국민 절반의 여성들이 무엇을 요구하는지 그 눈높이에서 연구하고 법안을 모색하는 일도 중요한 역할임을 인식하고 여성 의원 공동의 숙제로 삼길 바란다.

2020. 7. 3.

여성을 생각하다

공천만 해주면 여성들도 지역구에서 충분히 경쟁력이 있다는 것을 이번 총선이 여실히 보여줬다. 여야가 앞다투어 참신한 여성 후보 공천에 관심을 가졌다는 것만으로도 여성운동의 큰 진전이다.

참신한 여성 신인들에게 거는 희망정치

말도 많고 탈도 많았던 21대 총선에서 한 가지 얻은 성과는 여성 정치인들의 두드러진 진출이다. 여야 각 정당별 이례적으로 지역구에서 30% 이상 여성 후보 공천을 실천하기 위해 노력했고, 그 결과 역대 최다 여성 당선이라는 기록을 세웠다.

지역구에서 29석, 비례대표에서 28석으로 국회 총 300의석 가운데 58석을 여성이 차지해 아직까지 비율상 19%에 그치지만 종합 성적표는 역대 최고를 기록한다. 그것도 남녀교호순으로 배정되는 비례의석이 아닌, 지역구에서 더 많은 의석을 차지했다는 것이 고무적이다.

지역구 여성 당선자는 지난 19대 19명, 20대 26명, 21대 29명으로 여성 당선자가 갈수록 증가하고 있는 것은 여성들의 정치역량이 점점 강화되어 간다는 것이며 그만큼 능력을 인정받기 시작했다는 반증이다. 이제 여성이라서 공천을 못 준다거나, 여성 후보를 공천하고 싶지만 인재가 없다는 이유는 변명에 불과하다.

그동안 지방의회에서 또는 사회 각계 각처에서 역량을 쌓고 전문성을 길러온 여성 인재들은 이 사회를 구성하고 있는 절반의 성비만큼이나 많이 있음에도 정치권이 외면했을 뿐이지 인재가 없었던 것은 아니다. 공천만 해주면 여성들도 지역구에서 충분히 경쟁력이 있다는 것을 이번 총선이 여실히 보여줬다. 여야가 앞다투어 참신한 여성 후보 공천에 관심을 가졌다는 것만으로도 여성운동의 큰 진전이다.

일부 지역에서는 여전히 단 한 명도 지역구 당선자를 배출하지 못한 곳도 많고, OCED 국가 기준으로 보자면 여성의 정치 참여와 권한 척도는 턱없이 낮은 수준이지만, 정치권의 인식이 지금처럼 조금씩 변화해 간다면 머잖아 정치인 절반이 여성으로 채워질 날도 멀지 않아 보인다.

여성들은 무엇보다 남성들보다 권력욕에 덜 사로잡혀 있고, 오히려 더 정의로운 편이며, 협치와 포용의 너그러운 모성을 가진 자들로, 보다 민주적인 국회의 모습으로 이끄는 데 기여하리라 믿는다. 또한 여성들은 약자의 서러움과 불평등을 경험해 본 당사자들로서, 저마다 하고자 하는 공공의 목표가 정치 일선으로 이끌었으리라 믿고 싶다.

게다가 이번 21대에는 의욕에 넘치는 초선 여성 당선자들이 많다. 우리 사회의 비주류이자 소수·취약계층의 목소리를 대변할 다양한 여성들이 대거 진출했다. 고졸 보좌관 출신으로 늦깎이 대학을 졸업한 정당인, 여공 출신 싱글맘 변호사, 시각장애인 피아니스트 등 후보 등록부터 관심을 받아온 유망주들도 많다.

특히 우리 부산에서는 8년 만에 2명의 여성 국회의원이 탄생해 기대가 크다. 싱글맘 변호사로 여성인권에 앞장서 온 김미애 당선인과 기초와 광역의회에서 차근차근 의정 경험을 쌓은 준비된 일꾼 황보승희 당선인은 앞으로의 활약을 기대해봄직한 부산 여성계의 희망이다.

모쪼록 기성 정치인들이 야기한 정치혐오를 이번에 진출한 참신한 여성 정치 신인들이 말끔히 씻어주길 바라면서, 아울러 이 나라 정치의 새 희망이 되어줄 것을 기대한다.

2020. 4.

여성을 생각하다

전 정권의 탄핵과 관계자 수백 여 명의 법적 처벌 등 공정한 사회를 주창하며 들어선 새 정부 고위직 관계자 일가의 비리와 부정은 당시 국민을 경악케 했다.

여성들 뿔나게 한
조국 일가 사건

현직 대통령 탄핵이라는 초유의 사건이 터지고 촛불혁명으로 2017년 새로운 정부가 들어섰지만 지나고 보니 그마저도 문제가 많았음을 우리는 항상 겪고 나서야 뒤늦게 실체를 알게 되는 우(愚)를 범한다.

탄생부터 드라마틱했던 문재인 정부는 집권 5년 내내 혼란과 혼돈의 연속이었다. 두 눈 멀쩡히 뜨고서도 믿기지 않을 사건들이 얼마나 많았던가. 대통령 가족의 친인척 비리는 차치하고서라도 국가대표자의 정체성을 의심케 할 정도로 그동안 자유민주주의 시장경제의 가치 위에 우뚝 세워온 국정운영 철학은 찾아볼 수 없었고 공직자들의 직권남용과 불공정 비리 의혹 사건들이 고구마 줄기처럼 줄줄이 터져 나왔다.

눈과 귀가 어두운 국민은 이미 특정 세력에 의해 장악된 언론 방송의 왜곡된 시선을 여과 없이 받아들이면서 일방적으로 이끌려 갔고, 보여지고 알려지는 것이 온전한 사실이고 전부인 양 알았다. 방통위의 제재에서 자유롭지 못한 지상파 공중파 매스컴은 눈치 보기 급급, 용기 있는 옳은 소리를 주저하는 동안 그나마 갑갑한 국민에게 숨통 역할을 해온 게 소신 있는 1인 미디어 매체 운영자들이었다.

공신력 부분의 평가는 여전히 자유롭지 못하지만 1인 미디어가 보편화된 시대에 유튜버라는 플랫폼은 다양한 시각과 견해들을 쏟아내면서 국민 생각의 폭을 넓혀주는 데 적잖은 기여를 했다.

새로운 정부의 탄생하에서 보다보다 못해 시민사회가 들고 일어선 경우가 바로 조국 전 법무부 장관 일가의 불공정 입시 비리사건이다. 전 정권의 탄핵과 관계자 수백 여 명의 법적 처벌 등, 공정한 사회를 주창하며 들어선 새 정부 고위직 관계자 일가의 비리와 부정은 당시 국민을 경악케 했다.

급기야 조국 전 법무부 장관 일가 사태를 지켜보며 뿔이 난 부산지역 여성들은 전국에서 처음으로 2019년 9월 19일 '부산여성100인행동'을 긴급 결성하고, 자유민주주의와 법치주의가 사라진 불공정 사회를 개탄하며 시국선언문을 내는 등 조국 전 법무부 장관이 사퇴할 때까지 무기한 여성 행동에 돌입할 것을 천명했다.

그리고 그 정신과 운동은 조국 전 장관의 사퇴까지 계속됐고, 이후 박원순, 오거돈 전 광역단체장들의 여직원 성추행 사건까지 공직자 성범죄에 대한 강력 처벌을 촉구하는 여성 행동으로 이어졌다.

당시 조국 사건에 대응한 시민단체는 전국에서 목소리를 내기 시작했고, 그 시발점이 부산의 여성100인행동이었다. '사회정의와 윤리는 실종되고 법치가 죽었다'며 '나라다운 나라, 사회정의 실현과 신뢰 회복으로 나라를 정상화하자'는 마음으로 당시 조국일가 사태를 지켜보며 부산여성100인행동은 다음과 같은 시국선언문을 냈다.

"사회정의와 공정 실현으로 국격을 바로 세워야"
- 조국사태를 지켜보며 -

"사회정의와 윤리는 실종되고 법치는 죽었다"
공정한 사회, 신뢰 회복을 위한 '부산여성100인행동'은 금번 조국사태를 바라보며 국가가 무너지는 듯한 절망감을 느끼며 나라를 바로 세우기 위한 절박한 심정으로 분연히 일어섰다.
법 앞에 평등하지 않고, 기회는 힘 있는 자들이 가지며, 목적을 이루기 위해 온갖 불법을 자행해도 눈감아주는 사회, 이것이 정녕 나라다운 나라인가! 공정함은 사라지고 서로 믿고 살 수 없는 신뢰가 깨진 사회에서 우리 자녀들은 무엇을 보고 배우겠는가. '조국 부부'와 같이 바라지 해줄 수 없는 부모로서 자괴감이 들 지경이다.

정권이 피의자와 한통속이 되어 무소불위의 권력을 행사하는 이 무섭고 암울한 나라에서 더 이상 무엇을 기대하고 희망을 꿈꾸겠는가. 모범이 되어야 할 정부가, 가치의 기준이 되어야 할 법치가, 불공정의 모델이 되어 서로 반목하고 갈등을 조장하는 사회가 되어버렸다. 패로 나뉘어 국민을 분열시켜 혼란스럽게 하고 자유언론이 보장되지 않는 나라, 희망이 사라진 나라에서 우리 자식들을 어떻게 키울 수 있을지 심각한 우려를 금할 수 없다. 비참하다.

입만 열면 청년의 미래를 걱정하고 '기회는 균등하며, 과정은 공정하고, 결과는 정의로울 것'이라고 약속한 이 정부가, 문재인 대통령이, 지금 우리 청년들에게 어떤 미래를 보여주고 있는가. 일일이 거론하기에도 숨가쁜 만천하에 드러난 여러 피의사실에도 불구하고 조국 부부와 같은 사람들을 방관하고, 힘과 권력의 욕망을 부추기는 사회에서 정직하고 공의롭게 살라고 당당하게 말할 수 있는가.

시장경제는 바닥으로 치닫고 상가의 불빛은 점점 사라지고 있다. 기업의 성장은 퇴보하고 세금과 각종 규제로 옥죄임을 당하는 기업들은 해외로 떠나려 하고 있다. 일자리를 잃은 청년들은 대가 없이 퍼주는 돈으로 거리를 배회하고 물질만능주의 사회에서 '한방'을 꿈꾸며 무능하게 잠재력을 잃어가고 있는 이 기가 막히는 사회에서, 시민의 한 사람이자 이 땅의 엄마로서 도저히 묵과할 수 없어 행동에 나섰다.

가족과 당사자는 물론 주변 사람들까지 여러 피의사실로 검찰의 수사가 진행되고 있는 와중에 국민의 정서와 의견을 묵살하고 조국 법무부 장관을 임명해 버린 정부의 오만과 독선 앞에 망연자실하지 않을 수 없다. 양심이 조금이라도 남아있다면 이제 그만 그 뻔뻔한 낯을 숙이고 국민 앞에 사죄하며 조국은 스스로 물러나야 마땅하다. 그런 사람의 임명을 강행한 이 정부도 책임을 져야 한다.

또한 금번 사태는 작금의 우리 부산과 결코 무관하지 않기에 부산의전원 특혜성 장학금 문제, 부산의료원장 인사문제, 부산경제 부시장 감찰 무마 의혹 등 우리 부산에서 벌어진 각종 의혹도 철저히 규명해야 부산시민의 명예를 지킬 수 있을 것이다.

더 이상 국가의 근간을 뒤흔들 권력의 남용과 불법행위를 막기 위해서라도 우리 부산여성100인은 사회정의와 신뢰 회복을 위해 다음과 같이 엄중히 촉구한다.

- 불법, 부정, 위선과 거짓으로 국민을 분열시키는 조국은 물러나라
- 정권은 검찰의 공정한 수사를 위해 일체 개입하지 말고 적극 협조하라
- 정부는 공정한 사회 정의로운 사회를 구현하라
- 각종 부산 관련 의혹 철저히 규명하라
- 양심과 도덕이 살아있고, 꿈과 희망을 꿈꿀 수 있는 자유민주주의사회를 실현하라

2019년 9월 19일
자유민주주의와 법치주의가 사라진 불공정사회를 개탄하며
부산여성100인행동 일동

기자로 활동해 오면서 NGO 활동가 같은 마인드로 일해 온 나는 각종 사회문제나 여성계 이슈가 발생할 때마다 여성계의 목소리를 내는 데 동참했고 펜을 들었다. 핵심을 정리해 선언문을 내거나 성명서를 내고 기자회견을 준비하는 기본 작업을 했다. 그 세월이 꼬박 25년이다. 그중에서도 조국사태는 내재된 정의감을 억누르지 못하고 급기야 공분을 터트리고 만 계기가 된 사건이고 이후 개인적으로 정치적 성향을 커밍아웃하며 비록 한시적이지만 총선 선대위 및 대선 선대위, 지방선거 선대위에서 대표성 있는 직함을 맡아 활동하게 된 계기가 된 사건이기도 하다.

2023. 9.

여성을 생각하다

오랫동안 여성계에서 요구해 온 것이 여성 30~40% 이상 공천을 명문화하여 법률로 보장하는 성 평등 개헌이다. 이와 함께 기본권 개정을 통해 기본권 내 양성평등법 제정의 목소리도 나오고 있다.

성 쿼터제 도입과
여성 정치 현실화

여성의 정치 참여 확대를 위해서는 남녀동수법을 도입해야 한다는 보다 과감한 제안들이 나오고 있다. 과거 보수적으로 고작 30% 할당제를 외치던 것에 비하면 도발적이다. 그러나 현실적으로 30% 할당도 과감히 도입하지 못하고 있는 상황에서 남녀동수법은 어림도 없는 소리일 게다.

그러나 여성들이 정치권에 더 많이 진출하기 위해서는 제도적 뒷받침 없이는 현실적으로 불가능하다. 때문에 오랫동안 여성계에서 요구해 온 것이 여성 30~40% 이상 공천을 명문화하여 법률로 보장하는 성 평등 개헌이다. 이와 함께 기본권 개정을 통해 기본권 내 양성평등법 제정의 목소리도 나오고 있다. 제도적 보장이 없이는 정당에서 당헌당규로 명시해봐야 별 의미가 없기 때문이다. 또한 유럽처럼 특정 성이 일정 비율을 넘어서지 않도록 하는 성 쿼터제도 확실히 도입되어야 여성들의 실질적 참여도 보장되리라 보고 있다.

이미 성 쿼터제로 여성 정치의 꽃을 피운 나라도 있다. 성 쿼터제로 정치 분야 양성평등을 이룬 나라들을 살펴보자. 우선 남미대륙 여성 정치 파워의 원조, '세계 최초 여성 대통령 배출국'인 아르헨티나는 1991년 여성 의원의 비율을 최소 30%로 규정한 성쿼터제를 시행함으로써 여성 발전은 물론 국가 발전을 이룬 나라다.

아르헨티나의 여성 대통령 가운데 특히 에바 페론은 아르헨티나 평등주의와 여성정책을 얘기할 때 빼놓을 수 없는 인물이다. 그는 페론 정부 시절 노동자와 여성, 빈민들을 위한 입법과 복지 확대에 힘써 국민의 절대적인 지지를 받았다. 여성 정당을 만들고, 1947년 남미에서는 최초로 여성의 참정권을 허용해 오늘날 아르헨티나 여성 정치를 있게 한 선구자로 칭송받고 있다.

핀란드 또한 1906년 세계 최초로 여성의 피선거권을 인정하고 유럽 최초로 남녀평등선거권을 인정한 나라다. 1992년 소련 해체 이후 최악의 경제 위기를 겪은 핀란드 정부는 1993년 미래위원회를 구성하고 여성 인력 활용과 사회 각 부문의 양성

참여를 골자로 한 국가 발전 중장기 전략을 새로 짰다.

이에 따라 1995년 개정된 평등법에 양성평등 부분을 더욱 강화하여 국가기관과 지방자치단체 등 모든 조직에서 어느 한쪽의 성 비율이 40%를 넘지 않도록 하는 남녀 40% 할당제를 포함시켰고, 평등법 시행 첫해, 할당제는 정부 각 위원회에서 여성의 비율을 42%로 증가시키는 등 평등법 개정 이후엔 68%로 늘어났다. 1996년 의원 선거 이후 성 쿼터제가 지방자치단체에 적용되어 비례대표제로 선출되는 자치위원회 여성 의원들은 25%에서 45%까지 급격히 늘어났다.

스웨덴은 1921년 여성의 투표권을 인정한 이후 점진적인 발전을 이뤄왔다. 여성할당제와 남녀평등법 제정이 큰 원동력이 됐는데, 여성할당제를 맨 처음 도입한 곳은 정당이다. 할당 규정을 당헌당규에 규정하도록 했다. 1972년 자유당이 전당대회 권고로 의회선거에서 40% 여성 할당제를 가장 먼저 시행했고, 사민당은 각급 선거에서 50%를 여성에게 할당, 녹색당도 1991년 정당 법안에 2000년부터는 사회 고위 지도급에 50%를 여성으로 채워야 한다는 방침을 권고사항으로 정했다. 할당제 도입 이후 1990년대 초를 기점으로 공공 부문 종사자의 70%가 여성으로 채워졌고, 주로 교사와 의료서비스직 등에서 여성 고용이 크게 늘었다.

정당들이 여성 할당제를 도입한 이유는 정당에 가입하는

여성 수가 늘어남에 따라 여성 유권자의 지지를 얻기 위해서였다. 실제 오랫동안 집권한 사민당은 어느 정당보다 여성들의 지지에 의존해 왔다.

정치 신인과 여성에게 유리하도록 작용하는 선거제도도 여성정치 발전에 간접적인 영향을 주었다. 스웨덴의 선거제도는 정당명부식 비례대표제, 대선거구제다. 대선거구제는 한 선거구에서 여러 명을 선출해 소선거구제보다 경쟁 과열이 덜하고, 여성 후보들에게도 기회가 주어질 수 있다. 또 비례대표제는 개인이 아닌 정당 간 경쟁이기 때문에 정치 신인이나 선거운동에 미숙한 여성들에게 유리한 면이 있다.

1979년에 제정된 남녀평등법 역시 정치는 물론 사회경제 분야에서 여성의 권익 향상에 큰 영향을 끼쳤다. 이후 1991년과 1994년 두 차례 개정되면서 스웨덴은 세계 최고의 남녀평등과 복지제도를 갖추게 되었다. 1987년 채택한 「2명마다 여성 1명(Varannan damernas)」 보고서 이후 사회 전 부문에서 양성평등을 '주목표'로 실시한 정책도 주효했다. 1994년 스웨덴 정부는 법의 효율적인 운영을 철저하게 감독하기 위해 평등문제평의회, 평등옴부즈만과 평등위원회, 사회성 평등부의 평등정책 담당 정부기구를 설립했다. 평등문제평의회는 여성단체, 정당, 노사 대표 등으로 구성돼 매년 4차례의 회의를 통해 국가정책으로 추진할 평등 문제를 토의하는 기구다.

마지막으로 노르웨이는 1913년 여성 참정권이 처음으로 인정됐다. 1978년 공적위원회에서 어느 한쪽의 성이 40% 이하가 되는 것을 금지하는 '성에 관한 평등지위에 관한 법률'이 제정된 이후 여성의 정치 참여는 놀랄 만한 성장을 이루었다.

1986년 하를렘 브룬트란트(노동당)가 최연소이자 최초의 여성 총리로 선출되었는데 지명이 아닌 투표로 선출된 총리라는 점에서 브룬트란트 총리의 탄생은 세계 여성 정치 역사에 큰 족적을 남겼다. 브룬트란트 총리 취임 이후 1988년엔 모든 종류의 선거에서 여성이 40%를 유지하도록 하는 성별 할당제가 제정·실시됐다. 브룬트란트 총리는 각료의 절반을 여성으로 임명했고, 지금까지 노르웨이 내각에서 여성은 늘 40~50%를 유지하고 있는 이유다.

우리는 선거 때마다 여성의 정치 참여를 외친다. 수십 년 여성의 정치 참여 확대를 위한 법제 개선을 요구해오고 있지만 허공의 메아리에 불과하다. 여태 똑같은 외침을 반복하지 않도록 이제 여성들이 정치를 주도할 필요가 있다. 역으로 남성 할당제를 외치는 날이 올까는 모르겠지만, 과감한 정책이 도입되길 기대해본다.

2015. 12.

여성을 생각하다

민간외교는 여성들이 훨씬 효과적이다.
많은 공공의 자리에도 보다 많은 여성이 진출해
일익을 담당한다면 그것이 무슨 일이든
성과도 훨씬 크리라 생각한다.

2030부산엑스포와 여성

　북항을 지날 때마다 마음속으로 기도하는 게 있다. 2030부산엑스포가 반드시 유치되기를… 그리고 어서 빨리 북항이 완성돼 그야말로 천지개벽이 일어나기를 소망한다. 북항의 미래 청사진을 떠올리기만 해도 절로 흐뭇해지고 부산시민이라는 게 뿌듯해진다.

　2030부산엑스포가 개최되기를 이토록 진심으로 염원하고 기도한 적이 있었던가 싶을 정도로, 지난 한 해는 온통 엑스포에 대한 열망으로 가득 찼었다. 부산지역 여성들도 팔을 걷어붙였다. 이미 오래전 조직된 범시민유치위원회가 있지만 별도로 여성조직이 만들어지면서 유치운동에 시너지효과를 불러왔다. 여성들의 적극적이고 꾸준한 유치활동이 지역사회에 선한 영향력을 일으키기도 했다.

2030부산엑스포 유치를 위해 부산 여성계에서도 적극적 참여와 유치운동을 하자는 의견이 모아진 것은 2022년 7월 28일 부산여성신문 주최로 열린 지방선거 여성 당선자 축하 간담회에서였다. 과거 2005년 APEC 정상회의가 부산에서 개최될 때 여성 의제 채택을 위해 결성했던 '2005APEC여성의제채택연대'처럼, 여성들의 연대와 결속으로 유치운동에 활력을 불어넣고 좋은 결과를 만들어 보자는 데 의기투합했다.

2005 APEC 정상회의 당시 서울과 부산을 쫓아다니며 집행부를 설득하고 캠페인을 전개하는 등 적극적 노력 끝에, 결국 마지막 날 세계 정상들이 여성 의제를 채택하는 성과를 만들어냈던 기억을 떠올려, 이번 2030부산세계박람회 유치 단계에서도 여성들의 역할 필요성이 여성들에 의해서 제기된 것이다.

대한민국 부산이 세계도시 부산으로 발돋움할 기회가 될 2030부산세계박람회를 성공적으로 유치하기 위해 화해와 협력, 사랑과 평화, 포용의 에너지가 충만한 여성들의 참여가 절대적으로 필요함을 인식하고, 다시 한 번 대한민국과 부산이 선진국으로 위상을 떨칠 수 있도록 기여함을 목표로 범여성추진협의회가 결성됐다.

부산지역에서 활동하는 거의 모든 여성단체가 협력하고 연대하여 활동하다시피 해온 범여성추진협의회는 매주 수요일 오후 3시 운영위원회를 열어 향후 활동을 계획하는 등, 범시민유치위 및 다른 시민조직들과 연계해 발전적인 아이디어를 모색하고 다채로운 유치 활동을 전개해 왔다.

제각각 바쁜 단체장들을 규합하며 목표 달성을 위해 총대를 메고 책임감 있게 추진한 곳은 여성특보실이었고, 부산여성단체협의회, 부산여성연대회의, 부산여성NGO연합회, 부산시구군여성단체협의회, 부산여성신문 대표자들이 공동대표로 참여해 기초를 세웠다. 그리고 실무 추진을 위해 부산지역 각 여성단체 등이 참여하는 운영위원회를 두어 지난 1년여간 중단 없는 과업 추진을 위해 쉼 없이 기획하고 계획하며 꾸준히 실행해 왔다.

발족 이후 엑스포가 무엇인지, 그리고 엑스포 유치 시 효과와 엑스포 유치를 위한 시민의 역할은 무엇인지 등 엑스포 홍보를 위한 엑스포 아카데미를 꾸준히 열어 왔고, 엑스포 플래시몹, 엑스포여성요트체험 선상 아카데미, 엑스포 유치 기원 100만 서명운동, 엑스포 유치 기원 12만 종이학 접기운동, 엑스포 골든벨 행사, 제4차 PT 파리총회 응원전 및 실황 관람행사 등 부산 엑스포 전국 홍보유치 캠페인을 비롯해, BIE실사단 방문 시 범여성추진협의회 차원에서도 미션을 담당해 실사단에게 긍정적인 이미지를 심어주는 데 기여하기도 했다.

특히 패트릭 슈페이트를 단장으로 한 BIE실사단이 부산을 방문했을 때는 범여성추진협의회 차원에서도 오찬 만찬 자리에 각각 배석해 각자의 미션을 수행했다. 왜 부산이어야 하는지 당위성도 알리고 친교도 나누며 테이블마다 배치되어 앉아 실사위원들과 대화를 나누며 부산 이미지 제고에 일조했다.

확실히 실사단은 전날 베풀어진 만찬 자리에서보다 많은 여성이 배석돼 함께 대화를 나누는 시간이 화기애애하다는 반응이었고 훨씬 좋은 인상을 받은 듯 유쾌한 모습이었다.

나는 실사단 단장인 독일 출신의 패트릭 슈페이트의 옆자리에 앉아 많은 대화를 나누었다. 범여성추진협의회에서 준비한 소소한 기념품과 부산역 환영식 사진을 담은 책자를 보여주니 적잖이 놀라는 기색이었다. 여성들의 정성스러운 모습에도 감동을 받았지만, 아이돌 스타처럼 환영해 준 부산시민의 열띤 환대와 그날의 감동이 되살아나는 듯 사진이 담긴 책을 보며 너무나 좋아하던 모습이 떠오른다.

범여성추진협의회가 주도해 만든 12만 종이학을 담아 특별 제작한 엑스포 조형물은 압권이었다. 직접 만들었고 조그만 종이학의 수량이 10만이 넘는다는 말에 입을 다물지 못했다. 이런 정성 어린 여성들의 열정에 연신 놀라운 반응이었다. 그때 실사단장은 "한국 여성들은 매우 강한 것 같다"고 말했다. 덧붙여

"부산 여성들은 더 강하다"며 "부산시민들의 열정이 넘치고 대단하다. 시민사회를 이끌어가는 힘"이라며 엄지를 세워 보였다. 아울러 유럽이나 서구사회에서 일찍이 사라지고 없는 열정이 한국에는 아직도 뜨겁게 남아있는 것 같다고 말했다.

"부산은 모든 준비가 되어있는 것 같다"는 말로 부산 방문 소감을 밝힌 실사단은 오랜 시간 오찬장을 머물며 참석자들과 기념사진도 꼼꼼히 찍었다. 경직된 분위기에서 벗어나 시민대표단들과 자유롭게 소통하며 유쾌하게 웃고 대화를 나누는 자리가 된 오찬장은 심사를 위해 온 실사단이라기보다 해외사절단의 부산유람 같은 분위기였다.

이처럼 부드럽고 유쾌한 오찬장 분위기를 만드는 데는 여성들의 역할이 컸다. 배치된 좌석마다 대화가 끊이지 않았고 실사단은 유쾌한 질문과 대화로 즐기는 분위기였다. 민간외교는 여성들이 훨씬 효과적이다. 많은 공공의 자리에도 보다 많은 여성이 진출해 일익을 담당한다면 그것이 무슨 일이든 성과도 훨씬 크리라 생각한다.

2023. 9.

여성을 생각하다

갓 출발하는 자치경찰제가 지역사회로부터 그다지 환영받지 못하는 이유 중 하나도 성주류화의 외면에 있다.
전면 재검토와 제도 개선이 시급하다.

자치경찰제의 성주류화 아직도 먼 길

7월부터 자치경찰제가 본격 시행된다. 지방자치의 정신에 따른 지방자치의 강화와 검·경수사권 조정 차원에서 시행하는 제도이다. 자치경찰제란 지방분권의 이념에 따라 지방자치단체에 경찰권을 부여하고, 경찰의 설치·유지·운영에 관한 책임을 지방자치단체가 담당하는 제도다.

국가 전체를 관할하는 국가경찰(중앙경찰)에 대비되는 개념으로, 국가 전체가 아닌 국가 내의 일부 지역에 소속되어 그 지역과 지역주민의 치안과 복리를 위해 활동하는 경찰을 의미한다. 그야말로 생활안전, 지역교통, 지역경비 임무를 갖고 방범순

찰, 사회적 약자 보호, 기초질서 위반 단속, 교통관리, 지역행사 경비 등 지역주민을 위한 치안 서비스를 제공하게 되는 자치경찰은 지역 맞춤형 치안 서비스로 주민의 체감 치안 만족도를 높이는 데 존재 이유가 있다.

아울러 현행 경찰법에서 자치경찰위원 자격요건으로 '법률 전문가', '연구자', '지역주민 중에서도 관련 분야에 경험이 풍부하고 학식과 덕망을 갖춘 자' 등을 요구하고 있는 바, 시민의 목소리를 대변할 수 있는 지역주민이라면 '누구나' 위원이 될 수 있도록 해야 함에도 이번 위원 구성을 보면 대체로 추천 몫을 가진 단체장으로부터 알음알음 추천, 그다지 대표성과 전문성도 찾아볼 수 없는 지역 유지들이 대부분이라 안타깝다.

더군다나 시민주도형 자치경찰제의 정착을 위해선 '공유, 연대, 균형'이 무엇보다 필요하고, 자치경찰관이 맡는 성폭력 등 여성·청소년 범죄 수사, 교통사고 조사·단속 등과 같은 업무 성격을 보더라도 관련 문제에 전문성을 갖고 살펴보려면 여성위원의 수도 일정 부분 배려되어야 하나, 부산 경남 자치경찰위원에 단 한 명의 여성도 배정되지 않았다는 것은 참으로 씁쓸하다.

유엔 여성기구에서도 모든 정책 결정 과정에 여성의 참여 비율을 높일 것을 권고하고 있고 국가 시책도 양성평등사회를 위해 각종 위원회 여성의 비율을 30~40% 이상 권고하고 성 주류화를 정책 목표로 삼고 있지만 이번 사치경찰제 위원구성을 보면 시대 역행은 물론 성 인지적 관점에서 노력한 흔적을 볼 수 없다.

이는 부산 경남만의 문제도 아니다. 서울 경기도를 제외한 대전 강원도 등 각 시도별로도 각 7인으로 구성되는 자치경찰위원에 여성이 한 명도 없다. 자치경찰법엔 각 시도 자치경찰위원회는 7명으로 구성되고, 이 7명은 시도지사 1명, 시도 교육감 1명, 국가경찰위원회가 1명, 시도의회 2명, 위원추천위원회 2명 추천 등으로 구성이 되나 15개 시도지사가 추천한 15명의 위원 중 여성은 한 명도 없다는 것은 불행한 일이다.

또 현재 구성된 15개 광역시도 자치경찰위원 총 104명을 살펴보면, 남성은 86명, 여성은 18명(17.3%)에 불과해 40%의 여성 비율을 구성하도록 한 자치경찰법도 유명무실하다. 성평등 인식 제고, 여성범죄에 대한 적극적 역할, 정치적 중립성 담보를 통한 자치경찰제 안착 등은 자치경찰법의 기본 정신이다. 갓 출발하는 자치경찰제가 지역사회로부터 그다지 환영받지 못하는 이유 중 하나도 성주류화의 외면에 있다. 전면 재검토와 제도 개선이 시급하다.

2021. 6. 28.

공정한 세상을
꿈꾸다

1 21대 총선평가 토론회(2020)
2 오거돈 전 시장 영장기각 규탄대회(2020)
3 윤석열 후보 여성계 지지선언 당시

여성공천운동

20대 대선만큼 절박한 적이 있었던가 싶을
정도로 지난 대선은 국가의 정체성 회복과
미래가 달린 선거라는 점에서 대다수 국민이
가슴을 졸였던 선거였다.

20대 대선 당시 윤석열 대통령 후보로부터
선대위 임명장을 받고

1 제20대 대통령선거 부산 선공동선대위 임명장 수여식
2 21대 총선 공동선대위원장 활동 당시 민주공원 참배

공정한 세상을 꿈꾸다

집권 정부로부터 임명된 검찰 수장임에도 검찰 본연의 자세와 정신을 잃지 않고 꿋꿋하게 소신을 다한 그의 우직한 모습에서 나 또한 희망을 보았다. 위안을 얻었다. 많은 국민이 똑같은 심정이었으리라.

나는 왜
윤 대통령을 지지했나

　20대 대선만큼 절박한 적이 있었던가 싶을 정도로 지난 대선은 국가의 정체성 회복과 미래가 달린 선거라는 점에서 대다수 국민이 가슴을 졸였던 선거였다.
　거대 여야 정당이 번갈아 집권하며 국가를 경영하는 동안 많은 성장과 발전이 있었던 것은 부인할 수 없지만 최근 몇 년만큼 불안하고 비정상적인 때가 있었나 싶다.
　촛불로 정권을 바꾸고 남북 정상이 38선을 넘나들며 회담을 가질 때, 국민은 머잖아 한반도에 평화가 정착되는 줄 알았다. '평화쇼'에 속은 국민은 남북정상회담 며칠 뒤 치러진 지방선거에서 보란 듯이 밀어줬고, 2018년 지방선거에서 민주당이 압승

했다. 측근 비리로 초유의 탄핵 사태를 맞은 전 대통령에 대한 신뢰 추락으로 새 정권에 대한 기대감이 상대적으로 컸던 때, 드라마틱한 평화쇼는 지지 정당의 경계마저 허물었다.

그러나 문재인 정권 5년은 실망의 연속이었다. 가장 큰 실망은 한 국가를 대표하는 지도자로서의 주체성과 리더십 부재였고 외교 안보에 대한 무능과 무책임이 아니었나 싶다. 북한에 휘둘려 질질 끌려가는 눈치보기식 대북정책도 그렇지만 친중 반미·반일정책 등 편향적 외교도 국익에 도움되지 않았다. 북한의 잇단 도발에는 말 한마디 못 하는 태도로 일관했다. 엄연히 휴전상태에 있는 분단국가의 최고 책임자임에도 서해 연평도 인근 해역에서 실종된 공무원 피격사건 당시에는 국민의 안전을 위해 신속하게 대응하기는커녕 은폐하기에만 급급했다.

출범하자마자 소득주도성장이라는 '듣보잡' 경제정책도 여러 폐단을 야기했다. 일명 '소주성' 정책은 가계의 부담을 줄이고 소득은 높여 늘어난 가계소득이 소비를 진작하여 경제성장을 이끌고, 경제성장의 성과가 좋은 일자리로 이어지는 선순환 경제구조를 만들겠다고 채택한 문재인 정부의 핵심 경제정책이다. 그러나 나라를 혼란의 도가니로 몰아넣었다. 양질의 일자리를 잃게 만들었고 소상공인들은 삭발을 단행하며 살려달라 아우성이었다. 주 52시간 반기업 친노동정책으로 근로자는 오히려 좋은 일자리를 잃었고 비정규직만 속출하게 만들었다. 기업이 살아남기 위해 저임금의 비정규직 채용을 선호하게 되는 생존전략을 채택함으로써 역효과가 난 것이다.

경제 실책보다 더 국민의 분노를 산 건 공정과 상식, 자유와 법치의 파괴였다. 무법천지의 나라는 희망을 잃어가는 대한민국의 암울한 미래를 걱정하게 만들었다.

문재인 정부의 비리 수사를 방해하고 말을 듣지 않는 검찰을 무더기 좌천시키는 등 법무부 장관의 직권남용은 분통을 사게 했다. 특정 성향의 판사들을 요직에 앉히고 권력 비리 재판에서 정권 측에 불리하게 판결하거나 눈에 난 판사들은 한직에 보내는 등 대법원장의 사법행정권 남용도 사법부의 신뢰를 무너뜨렸다. 조국 일가의 입시비리는 불공정의 끝판왕이었다. 온갖 부정과 비리가 문제시되어도 문재인 정권의 사법체제 안에서는 손을 쓸 수도 없었고 아무런 제재도 문제도 되지 않았다. 무소불위의 힘은 계속해서 발휘되었다.

설상가상 여기에 집권당의 자치단체장 안희정, 박원순, 오거돈으로 이어지는 잇단 고위공직자 성폭력 사건은 청렴과 공정, 정의로 포장해 온 좌파 정권의 민낯을 고스란히 보여주었기에 정권 교체는 국민 대다수의 절박한 심정이었다.

문재인 정권의 여러 실책과 사건들이 총체적으로 맞물려

있던 당시 시대적 분위기는 정권교체가 대세였다. 이러한 때, 꿋꿋하게 버텨내며 소신을 다한 윤석열 당시 검찰총장은 적폐에 대응할 새로운 아이콘으로 부상했고, 국민적 신뢰감이 컸다. 대한민국을 다시 정상화시키는 데 역할을 해주길 바랐기 때문이다.

제발이지 훼손된 법치를 회복하고 자유민주주의 시장경제 체제 하에서 대한민국이 글로벌 강대국으로 재도약할 수 있도록 해주길 바랐다. 낡은 586 운동권의 이념정치에서 탈피해 미래지향적인 외교로 국익을 담보하고 지난 정권의 고구마줄기 같은 부패의 고리를 끊어내기 위해서라도 역할을 해주었으면 했다.

당시는 자유민주주의 시장경제의 중요성을 새삼 절감한 국민 누구나 나라를 구할 위인의 등장을 절실히 열망하던 때, 혜성같이 나타난 든든한 사람이 바로 윤석열 검찰총장이었다. 당시 집권 정부로부터 임명된 검찰 수장임에도 검찰 본연의 자세와 정신을 잃지 않고 꿋꿋하게 소신을 다한 그의 우직한 모습에서 나 또한 희망을 보았다. 위안을 얻었다. 많은 국민이 똑같은 심정이었으리라.

당내 경선 당시에도 나는 그 믿음을 이어갔다. 당당하게 소신껏 싸워 줄 사람으로 기대했고, 일관되게 지지했다. 각 구별 20대~40대 젊은 여성 리더들로 구성된 2,030명의 여성지지단을 만들어 부산시의회에서 기자회견을 여는 등 지지 선언을 이끌었다. 당내 경선에서 특정 후보를 지지하는 게 상대 후보 측에서 보기엔 불공정해 보일 수 있으나, 나의 믿음에 추호의 의심도 없었기에 용기를 낼 수 있었다.

이후 대선 본선에서 공동선대위원장으로 참여하며 후보의 당선을 위해 힘을 보태었고 젊은 청년 대변인들의 추가 영입 등 당을 위해 헌신 봉사할 기회를 만들어 주기도 했다. 자유헌정포럼 상임이사 겸 대변인을 맡아 매주 화요일 열차와 비행기를 타고 서울-부산을 오갈 땐 본업도 내팽개치고 후보 당선을 위한 여론 조성에 올인했다. 오로지 정권교체만 할 수 있다면 무슨 일이든 최선을 다하고 싶었던 마음뿐이었다.

그리고 아직도 나는 그 기대를 저버리지 않고 있다.

2023. 9.

공정한 세상을 꿈꾸다

대통령들이 다시 유엔 병사들의 묘역을 찾고 위령탑을 찾아 참배하는 것은 전 세계 하나뿐인 유엔기념공원의 의미를 새기고 국가 차원에서 관심을 갖는 듯해 매우 고무적이다.

유엔기념공원을 참배한 역대 대통령들

전 세계 하나밖에 없는 유엔기념공원에 역대 대통령 중 누가 참배했을까. 이승만, 윤보선, 박정희 대통령 이후 수십 년 만에 이명박 대통령이 다시 유엔기념공원을 찾았고 이후 박근혜 대통령, 그리고 다시 윤석열 대통령이 6.25 정전협정 70주년을 맞아 유엔기념공원과 유엔군 위령탑을 찾아 참배를 했다.

부산 남구 대연동에 소재한 유엔기념공원은 6.25 한국전쟁 당시 자유대한민국을 위해 목숨을 바친 11개국 2,320명의 유엔군 참전 용사들이 넋이 잠든 묘역이다. 아무런 연고도 없는 곳에 잠든 이들은 대한민국이 어려움에 처했을 때 목숨을 걸고 달려와 준 우방국들의 젊은 청년들이다. 이들의 고귀한 희생과 피로 바꾼 자유 대한민국을 한시도 잊어서는 안 되기에 매년 기념일마다 국가 차원에서 넋을 기리고 그 뜻을 되새기는 일은 지극히 당연하다. 그럼에도 불구하고, 그동안 정부 차원에서는 어느 지자체의 명소마냥 무관심해 왔고, 그나마 관할 지자체에서 기념일을 기리고 시민단체가 헌화제를 열며 호국 영령들의 혼과 넋을 기려 왔다.

몇 년 전까지만 해도 이곳 유엔기념공원에서 6.25 기념일마다 헌화제를 열며 평생을 호국 영령들의 넋을 기리는 행사를 주도해 왔던 문상임 잎사귀회 중앙회 회장은, 역대 대통령이 부산을 방문하고 돌아갈 때도 유엔기념공원 참배하는 분들이 없어 늘 안타까워했다. 그러던 십수 년 전 이명박 대통령이 부산을 방문했을 때, 부산문화회관 영빈관에서 지역 인사들 간담회 시 유엔기념공원 참배 제안을 했고, 그래서인지 모르겠으나 이후 박근혜 대통령까지 부산 방문 시 유엔기념공원을 참배했다.

대통령은 국민의 안녕과 나라의 번영을 위해 일하는 국가 경영 책임자이고, 나라의 주체인 국민과 국익을 위해 최우선적으로 일해야 한다. 하물며 여전히 분단국가로서 체제를 달리하고 적대적 관계에 있는 북한의 눈치를 보느라 유엔기념공원 참배를 꺼리고, 감사조차 없다면 그건 무고히 희생된 젊은 병사들의 희생에 대한 예의가 아니요, 우방국들에 대한 배신행위다.

어찌되었건 대통령들이 다시 유엔 병사들의 묘역을 찾고 위령탑을 찾아 참배하는 것은 전 세계 하나뿐인 유엔기념공원의 의미를 새기고 국가 차원에서 관심을 갖는 듯해 매우 고무적이다. 특히 최근 정전협정 70주년 기념식을 기해 부산을 찾은 윤석열 대통령 내외가 유엔기념공원과 유엔군사령탑을 참배하고 유엔평화기념관을 방문한 일은 자유대한민국의 굳건한 방위체제와 우방국들과의 돈독함이 글로벌시대를 살아가는 경쟁구도 속에서 얼마나 중요하고 필요한 일인지 돌아보게 한다.

안팎으로 혼란한 시대, 독불장군은 없다. 우리는 여전히 분단국가로서 휴전의 상태에 놓여 있고 언제 도사릴지 모르는 전쟁의 위협 속에 살아가고 있다. 정전협정기념일(자칭 전승일)을 맞아 더욱 긴밀해진 북·중·러도 '국제정세에 주동적으로 대처해 나가자'며 상호 공조 협력과 동반자관계를 재확인하는 끈끈함을 과시했다.

튼튼한 자주국방과 국제협력은 재삼 강조해도 지나치지 않다. 70년 전 주권을 잃은 휴전협정과 같은 뼈아픈 과거를 반면교사로 삼아, 다시 굳건한 방위 태세를 갖추고 지난 몇 년간 해이해진 우리의 안보관을 다시 팽팽히 추슬러야 할 때다.

2023. 7. 28.

공정한 세상을 꿈꾸다

나라를 위해 사심 없이 제대로 헌신 봉사할 참신한 정치 신인들을 많이 발굴하고 그들이 제대로 일할 수 있는 기회를 확대해야 한다.

현역만 유리한 선거법, 정치개혁 의지 있나

"A 의원은 온 동네방네 현수막이 붙었던데 당신도 현수막 많이 붙여야 하는 거 아니요?"

마음이 쓰이는 지인들은 여기저기 붙어있는 현수막을 보며 불안 심리를 자극하지만 정치 신인들은 마음껏 펄럭이는 현역 의원이나 당협위원장(지역위원장)들의 현수막을 그저 물끄러미 쳐다보며 쓸쓸함을 감출 수밖에 없는 현실이다. 설치해 놓기가 무섭게 즉각 구청으로 신고가 들어가고 기껏 비용을 들여서 설치해 놓은 현수막도 어쩔 땐 반나절도 못 가 떼버리는 불상사를 겪는 게 다반사다. 적어도 현행법의 기준으로는 정치 신인은 자신을 알리는 방법에서부터 난관에 봉착한다.

반면, 당협위원장들은 의정활동 성과부터 정당 정책홍보, 명절 인사까지 월별 시의적절한 문구로 존재감을 알리며 1년 열두 달 사시사철 지정 게시대 외에도 거리 곳곳에 아무런 제재 없이 마음껏 현수막을 걸 수 있는 특권을 누린다.

축제의 계절을 맞아 지역 곳곳에서 다채로운 축제가 펼쳐지고 있지만 정치 신인들은 마이크를 잡을 기회도 없고 발품 팔아 참석해도 소개받을 수도 없는 처지다. 후원금, 조직, 홍보 등 모든 면에서 열세한 조건에서 경쟁을 치러야 하는 정치 신인들이 인력과 자원, 인지도를 지닌 현역 의원이나 위원장들과 맞붙어서 승리하기란 어려운 구조다. 이쯤 되면 특별한 경우가 아니고서는 수십 년 걸려도 웬만한 정치 신인이 도전하기 어렵다. 한 번 의원은 영원한 의원이 되는 구조다.

정치 신인들의 현실정치 진입 장벽은 여기서 끝나는 것은 아니다. 당내 경선을 위해 중요한 정보인 당원 명부도 열람권이 제한되고, 문자나 전화로 자신을 알리기도 어렵다. 그나마 예비후보로 등록해야 제한적 활동이 가능하다. 현역이나 위원장들이 의정보고 형식으로 수시로 날려 보내는 홍보 문자가 제한을 받지 않는 것과 대조된다.

완전히 기울어진 운동장에서 출발해야 하는 정치 신인, 여성, 청년들을 위해 가산점제를 도입해 부여하고 있으나 실질적 효과는 미미하다. 자신이 얻은 득표수의 최대 100분의 20의 가산점을 받을 수 있어 득표율이 높아야만 효과가 있기 때문이다.

원외에서 그토록 정치개혁을 외치다가도 국회에 들어가면 스스로 기득권이 되어 언제 그랬냐는 식으로 돌변하는 정치인들이 많다. 금배지를 달고 나면 더 이상 신인이 아닌 남의 일이 되어 버리기 때문이다. 밖에서 정치를 바라볼 때는 보이는 것들이 안에 들어가면 보이지 않는 것이 아니라, 관심이 없어지는 것이다. 안에서 밖에서나 한결같은 정신을 갖지 않은 사람들이 하는 정치가 되다 보니 정치가, 정치판이 국민으로부터 신뢰를 받지 못하고 있다.

정권이 바뀐 지도 1년 6개월이 되었다. 시대의 변곡점에서 우리가 맞닥뜨린 최대 화두는 바로 '공정'이었다. 정의와 공정이 무너진 사회, 법과 질서가 통용되지 않는 무너진 법치사회에서 뼈저리게 느낀 것이 바로 공정사회로의 회복이었다.

공정의 가치는 여야가 모두 부르짖는 시대의 화두이다. 불공정을 일삼고 무소불위의 권력을 남용해 국민의 억장을 무너지게 해놓은 이들도 새 정부를 향해 공정을 부르짖고 있다. 여러 가지 범죄 의혹으로 조사를 받고 있는 현직 야당 대표도 '공정'을 외치고 있다. 직무상 비밀을 이용하여 제삼자로 하여금 이익을 발생시키고, 범죄수익 은닉규제법을 위반하는 등 사회질서에 위반하고 불공정한 행정행위를 하여 조사를 받고 있는 사건이 여러 건이다. 구속 수사가 기각되었다고 해서 죄가 사라진 것도 아닌데, 마치 죄 없는 사람이 끌려갔다가 무죄 선고받고 나온 것마냥 당당한 태도로 '검찰공화국', '공정' 운운한다.

진실로 국민이 바라는 것은 구속 수사를 면한 야당 대표가 언론을 향해 외치는 적반하장격의 '공정'이 아니다. 달라진 새 정권 아래서 국민은 진짜배기 공정사회가 어떤 것인지 제대로 보여주기를 원한다. 인사가 만사라 했다. '공정'은 인재의 발굴에서부터 시작돼야 한다. 적재적소에 사람을 잘 써야 원성을 듣지 않고 실패하지 않는 정부로 남는다.

새 정부를 탄탄하게 뒷받침할 일꾼들을 뽑는 4.10 총선이 진정한 공정의 나라로 가는 첫 무대가 되길 바란다. 그러기 위해선 나라를 위해 사심 없이 제대로 헌신 봉사할 참신한 정치 신인들을 많이 발굴하고 그들이 제대로 일할 수 있는 기회를 확대해야 한다. 과거 정권이 그래왔듯이 내 주변에 아는 사람이 전부인 인사가 되고 계파주의를 뛰어넘지 못한다면, 국가 경쟁력을 견인하고 나라를 위해 헌신하고자 하는 참된 일꾼들을 찾아낼 수 없다.

정치개혁은 정치 안팎에서 힘이 작동돼야 한다. 변화를 이끌어 나갈 역동적인 시민의 힘과 참신한 인재의 참여, 그리고 안으로부터 변화고자 하는 의지가 맞물려 톱니바퀴처럼 굴러갈 때 실천으로 연결되리라 믿는다. 정치개혁으로 가는 첩경이 바로 공정하지 못한 현행 선거법의 개정이다.

2023. 10. 5.

공정한 세상을 꿈꾸다

자유민주주의 국가의 가장 근본적인 가치에 따라, 헌법에 명시된 대로 모든 국민이 법 앞에 평등한 그 자체가 누구에게나 공평하게 적용되어야 하지 않을까.

불공정의 시작, 국회

예나 지금이나 국회에서 돌아가는 여러 이슈를 보면, 한 사람 한 사람 입법기관 역할을 하는 국회의원 300명이 모인 국회가 과연 공정을 부르짖을 수 있는 곳인가 의구심이 든다.

법안 처리 과정에서는 물론이고, 첨예한 갈등을 빚고 있는 사안에 대한 여야의 시각과 대응 태도를 보면 진영의 정치만 있을 뿐, 국민은 안중에 없으면서 '국민'을 외치고 '공정'의 개념이라곤 찾아볼 수 없는 일들이 허다하게 벌어지고 있다.

최근 민주당은 검찰이 이재명 대표 관련 사건을 묶어 조만간 구속영장을 청구할 거라는 관측이 나오자 8월 임시국회 회기를 조기에 끝내는 안건을 단독으로 처리 강행했다. 과반의석을 가진 다수 정당의 횡포다.

여당은 월말까지인 법정 회기를 합의 없이 조기에 끝내는 건 이재명 대표를 위한 꼼수라는 입장이고, 야당은 이재명 대표가 공언한 대로 불체포특권 없이 곧바로 영장 심사를 받으려면 비회기 기간이 필요하다는 명분을 내세워 반박하고 있다. 그렇다고 해서 표결 수를 무기로 일방적으로 방망이를 두드리는 일은 일각에서 지적하는 대로 당 대표 요구에 맞춰 체포동의안 표결을 피하려는 꼼수이자 이후 이를 부결시키기 위한 명분 쌓기에 불과하다는 비판을 피할 수 없다.

전 국민이 예의주시하는 여야의 팽팽한 신경전 속에서, '과반 의석' 정당이 원하는 대로 국회 조기 종결 안건을 처리할 수 있었던 데는 중립적 시각을 견지해야 할 국회의장의 중심을 잃은 태도도 한몫했음을 부인할 수 없다. 소위 민주당의 회기 자르기에 협조해 준 꼴이다.

일반 국민 같으면 어림도 없는 일이다. 민주당과 이재명의 검찰소환 조사에 응하는 태도는 특권의식의 결정판이라 할 수 있다. 검찰이 통보한 일정은 무시하고 오늘 당장 검찰 조사를 받으러 가겠다느니 언제 가겠다느니 하는 요구는 무소불위의 방탄 국회와 국회의원의 특권의식을 보여주는 대표적 사례가 아닐 수 없다.

과거 박근혜 정부 당시 민주당은 여당이던 새누리당(현 자유한국당)을 향해 '청와대 거수기'라며 비판을 쏟아낸 바 있다. 그런 민주당이 집권당이 된 뒤에는 태도가 달라졌다. 인사청문회 과정에서 주요 공직자 후보들에 대한 각종 의혹이 도마에 올랐는데도 태도는 공정하지 못했다. 민주당은 이에 대해 아무런 문제 제기도 하지 않았고, 오히려 야당의 지적을 정치공세로 치부하면서 '청와대 거수기' 노릇을 했다. 전형적인 내 편 감싸주기요, 내로남불의 행태이기도 하다.

비단 정쟁의 사안을 둘러싼 문제만이 아니다. 국회의원 자신들의 권익을 해치는 사안이나 도움이 되지 않는 민감한 사안에 대해서는 적극적 개선의 의지가 없다. 사실 법 앞에 평등해야 할 국민의 한 사람임에도 국회의원만은 예외다. 대표적인 것이 '불체포 특권'이다. 법을 위반했더라도 회기 중일 때는 국회에서 동의하지 않으면 체포되지 않는 특권이다. 국회의원에게 그 책임을 물으려면 국회의 회기가 끝나야 한다. 물론 회기 중이라도 범죄를 저지르는 현장에서 붙잡힌다면 체포를 할 수 있지만 말이다.

또한 국회의원에게 주어지는 '면책 특권'도 있다. 국회의원이 국회에서 일을 하며 한 말과 투표 행위에는 책임을 묻지 않는 것을 말한다. 면책 특권은 국회의원이 소신껏 자신의 역할을 하도록 보장하는 데 목적이 있지만, 일각에서 지속적으로 국회의원에게 주어지는 특권에 대해 불공정한 룰이라는 지적도 많은 게 바로 이러한 제도들 때문이다. 국회의원이 부당한 압력을 받지 않고 오직 국민을 위해서 자유롭게 정치를 할 수 있게 하는 장치이긴 하지만 과연 '오직 국민만을 위한 정치를 하고 국민만을 위한 결정'을 하고 있는지는 돌아볼 일이다.

특히 지역구 당협위원장(지역위원장)에게만 허용되는 현수막 정치도 불공정한 국회의원의 특권이라는 지적이 있다. 일반인이나 기타 비정치인이 지정 게시대 외에 거리 현수막을 걸면 옥외광법 위반이다. 행여 일반인들이나 기타 정치인들은 한정적인 지정 게시대 외에 현수막을 설치하면 해당 지자체 담당 공무원이 곧장 철거 조치를 강행하고 벌금까지 집행할 수 있도록 하고 있다. 그러나 정작 국회 원내 원외 당협위원장들은 여든 야든 법의 저촉을 받지 않는다. 10장이든 100장이든 마음껏 설치할 수 있다.

물론 당협위원장들은 나랏일을 하는 공무 집행자로서 당 정책홍보를 명목으로 현수막을 걸고 있어, 국민의 알 권리를 충족시켜주는 홍보용 차원에서 보면 이를 잘못됐다고만 할 수 없다. 그럼에도 불구하고 당협위원장에게만 허용된 '현수막 특권'에 대해 씁쓸함을 느끼는 국민은 불공정의 일례라고 지적한다.

현역 국회의원은 얼마든지 의정활동과 성과를 홍보하고

다양한 경로를 통해 알릴 기회가 상대적으로 많다. 국가를 위해 일을 하는 최고위 의정의 입법기관으로 편의와 권리가 보장되어야 하는 것은 마땅하나, 자유민주주의 국가의 가장 근본적인 가치에 따라, 헌법에 명시된 대로 모든 국민이 법 앞에 평등한 그 자체가 누구에게나 공평하게 적용되어야 하지 않을까.

2023. 8.

내 나라 이웃의 아픔은 외면한 채, 울타리를 치고 그야말로 '형님의 나라'에 아부하는 것인가. 모든 공직자는 국민과 국가를 모든 정책과 판단의 기본과 원칙으로 삼아야 함을 간과해서는 안 된다.

또다시
속국으로 전락하는가

우한에서 시작된 우한폐렴, 일명 '코로나19 바이러스'가 중국 국경을 넘어 전 세계로 확산되고 있는 가운데 한국은 코로나19 바이러스의 제2위험 지역으로 분류돼, 입출국 기피 제한 국가의 오명을 쓰기에 이르렀다.

이미 지역사회 감염으로 확산되기 시작한 지금도 의료계 전문가들과 시민사회 등이 중국발 국내 입국자 차단을 줄기차게 요구하고 권고하고 있지만, 정부는 우이독경식 마이웨이 행보를 고집하고 있다. 여기에 발맞춰 자국민이 죽어 나가고 확진자가 불과 며칠 사이 천여 명에 달하는 지경에 이르렀는데 서울

시장은 '우한 힘내요', '중국 힘내요'라는 영상을 제작해 보냈다고 한다.

일설에 의하면 중국에서 요청한 게 아닌지 짐작할 정도로 이들의 태도는 충분히 의혹을 살만하다. 중국이 한국의 연예인들에게 유니품을 맞춰 입고 '중국 힘내라'는 동영상을 찍어 보내라는 공문을 보내왔다는 걸 보면, 충분히 개연성이 있다. 한류문화의 주인공인 연예인들에 대한 중국의 압박이 아니고 무엇인가. 지금도 중국은 자기들이 시키면 말을 듣는 속국으로 인식하는 모양이다.

이같이 돌아가는 작금의 꼴을 보자니 19세기 중·말엽 감국대신 위안스카이가 생각난다. 19세기 중엽 서구의 근대 국민국가, 제국주의 질서가 새로운 세계질서가 되어 동아시아를 덮쳐왔을 때, 중국은 전통의 의례적 '사대'관계를 실질적 속국화 정책의 근거로 이용하여 근대적 제국주의 질서 속에서 자국의 국가이익을 강화하려 했고, 그러한 계획하에 조선에 감국대신 원세개(위안스카이, 1859~1916)를 파견, 전례 없이 정치, 경제, 외교 등 전방위적으로 내정을 간섭하며 조선의 근대화를 가로막고 국권을 침탈했다.

26세의 젊은 나이에 조선의 내정과 외교를 감시하는 요직을 맡아 부임한 위안스카이는 이홍장의 속국화 정책을 더욱 적극적으로 집행했다. 조선의 무역권 장악, 청나라 상인들이 조선의 수도 한성과 내지에서 영업할 수 있게 개방했는가 하면, 청국 상인의 조선 밀무역을 돕는 등 파렴치한 침탈 행위를 자행했다.

200여 년 전 조선의 땅을 맘껏 짓밟고 다녔던 젊은 출세주의자 위안스카이 망령이 되살아난 듯 오늘날 한국사회에는 스스로 중국의 감국대신이 되고자 하는 어리석은 관료들로 득실거린다.

바쁜 시간 쪼개어 "중국 짜요" 동영상을 제작해 보내던 그 정성과 노력을 대구시민들을 위해서는 왜 할 생각도 하지 못하나? 도대체 그들은 왜 그토록 중국의 눈치를 보며 사대적 사관에서 벗어나지 못하는 걸까.

어떠한 정치적 목적과 이념이 지배하지 않는 한 이럴 수는 없다. 팔도 안으로 굽는데 내 나라 이웃의 아픔은 외면한 채 울타리를 치고 그야말로 '형님의 나라'에 아부하는 것인가.

분명히 말하지만, 모든 공직자는 국민과 국가를 모든 정책과 판단의 기본과 원칙으로 삼아야 함을 간과해서는 안 된다.

제발 정신차리자. 안에서 국민의 신망을 잃고 어찌 정권의 안정을 바라겠는가. 지극히 개인주의적이면서 이념적인 집단 카르텔의 전략적 선택이었는지는 모르겠지만, 특정한 한 나라에 목매달다가 더 큰 것들을 놓치게 됨을 잊지 말길 바란다.

2020. 2. 26.

공정한 세상을 꿈꾸다

역사를 날조하면서까지 눈 가리고 '아웅' 식으로 억지를 부리는 일본에 대해 앞으로도 국가 최고지도자는 단호하고도 분명한 의사 표명과 대처가 절대적으로 필요하다.

역사문제에 관한 국가 통치자의 자세

　독도를 두고 또다시 나라가 시끌시끌하다. 얼토당토않게 일본이 영유권을 주장하며 인터넷 여론전을 본격화하는 등 국제 사회의 지지를 확보하기 위해 온갖 억지 주장을 내놓고 있다. 그야말로 기가 막히고 코가 막힐 노릇이다. 독도가 한국 땅인 것은 수만 번 강조해도 지나치지 않은 당연한 말이기에 여기에서는 역사적 근거와 논리적 뒷받침은 굳이 첨언하지 않는다.

　최근 이명박 대통령은 역대 대통령으로서는 처음으로 독도를 방문하는 등 일왕의 사과를 언급한 바 있다. 역사적으로도 의미있는 땅이지만 그동안 민·관·군에게만 맡겨두고 국가 통치자로서 헌정 이래 처음 독도를 방문했다는 것이 의외다.

그러나 실효적 점령은 차치하고서라도 우방국의 심기와 무관하게 근간에 이 대통령이 보여준 단호한 언행은 주권국가 통치자로서 응당 해야 했고 정말 잘한 일이다. 이 대통령의 방문은, 굳이 '독도는 대한민국의 땅'이라고 천명하지 않아도 실효적으로 지배하고 있는 우리의 영토임을 국제적으로 천명한 셈이다.

그동안 역대 통치자들은 독도문제와 관련 '마땅히 우리 땅인데 굳이 심기를 불편하게 만들어 한일관계를 악화시킬 필요가 있겠냐'는 생각에서 소홀히 해, 일본이 억지 주장하며 마음껏 날뛰도록 방임해온 것이나 다름없었다.

그저 '조용한 외교'를 운운하는 동안 우리의 손실이 얼마나 컸던가. 국제사회를 대상으로 여론을 형성하며 독도가 일본 땅이라는 인식이 박히도록 국제사회를 유린하는 동안에도 우리는 우리식 겸손한 대응에 서서히 우리 땅을 빼앗겨 가고 있었던 것은 아닌지 모르겠다.

때문에 국민은 매번 국가 차원의 단호한 입장 표명과 일본 정부의 역사적 과오 인정 및 사죄를 촉구했고, 이를 미적거려 온 국가에 대해서는 늘 강한 불만을 제기해 왔다.

지구촌시대, 가까운 이웃 나라 일본과의 지속가능한 우호 증진과 상생발전을 위해서는 역사적 과오에 대한 일본의 진심 어린 사죄와 배상 없이는 관계 진전을 기대하기 어렵다. 그만큼 우리의 선조들이 아팠고, 역사는 아직도 살아서 후손들의 가슴을 후벼파고 있기 때문이다.

독도를 자기네 땅이라 하고, 강제 연행해 간 일본군 위안부를 '가난한 시대에 매춘은 이익 나는 장사였고 위안부가 장사를 선택한 것'이라고 망언을 쏟아내는 일본의 뻔뻔함은 도를 넘어서고 있다. 역사를 날조하면서까지 눈 가리고 '아웅' 식으로 억지를 부리는 일본에 대해 앞으로도 국가 최고지도자는 단호하고도 분명한 의사 표명과 대처가 절대적으로 필요하다.

여성이지만 강력한 통치력을 보여준 독일의 메르켈, 이에 맞설 힐러리 클린턴 미 국무장관과 콘돌리자 라이스 전 국무장관, 그리고 국방을 책임졌던 매들린 올브라이트 전 장관, 이런 세계의 영향력 있는 여성 지도자들도 외교와 국방 문제와 관련한 남성 지도자들보다 더 엄격하고 단호한 지도력으로 국제사회에서 강한 지도력과 힘을 보여준 바 있다.

우리나라도 대통령 여성 후보가 기왕에 나온 이상, 향후 누가 국가 최고지도자가 되건 간에 국가의 영토와 명예, 역사의 진실을 가리는 일과 관련해서는 강력한 리더십을 보여줄 수 있는 사람이길 원한다.

덧붙여 일본은 진정으로 진실을 외면하지 말고 더 이상 섬 국가에서 고립되고 싶지 않다면 가까운 이웃나라와의 관계 진전을 위해서라도 양심을 속이지 말아야 한다.

같은 전범 국가이지만 독일을 본받아야 한다. 1971년 당시 서독 수상 빌리 브란트는 폴란드에 찾아가서 비가 오는 궂은 날씨에도 불구하고 희생자비 앞에서 무릎을 꿇고 울면서 사죄했다. 당시 폴란드도 서독에 대한 감정이 극도로 악했을 때라, 일각에서는 독일이 나치시절에 점령한 땅 돌려받으려고 온 게 아니냐며 맹비난할 정도였다. 그러나 빌리 수상이 빗속에 무릎 꿇고 사죄하는 모습이 생방송되면서 독일 국민의 악감정이 일순간에 누그러졌던 사실을 일본은 상기해야 한다.

역사적 과오는 진심으로 사죄해야 진정으로 발전적이고 상생적인 관계를 모색할 수 있다는 것을, 지금이라도 일본은 뼛속 깊이 새기길 바란다.

2012. 8.

공정한 세상을 꿈꾸다

정의연은 수요집회를 멈추고 거짓 선동 기부금 모금활동을 멈추어야 한다. 국가와 국가 간 합의마저 일개 단체가 나서 파괴하고, 없던 것으로 되돌리는 힘의 원천은 도대체 어디에서 나오는 것인가.

피해자 두 번 울리는 정의 없는 정의기억연대

일제강점기 위안부 문제의 역사적 진실을 규명하고, 피해자들을 지원하기 위해 설립된 '한국정신대문제대책협의회', 현 정의기억연대(이하 정의연)가 당초의 설립 취지와는 달리 불투명한 기금 사용과 운영 행태로 국민적 분노를 사고 있다.

정의연은 그동안 피해자 중심보다 단체의 존립을 위해 오히려 역사적 피해자인 위안부 피해 할머니들을 이용하기에만 급급했고, 시민사회에는 반일감정을 부추겨 미래지향적 한일관계를 주장하는 측에 토착왜구, 친일 프레임을 씌워 우리 사회를 대립과 분열의 상황으로 몰아넣었다.

심지어 기부금과 후원금 사용에 대해 전혀 아는 바 없고 피해 할머니들을 위해 제대로 쓴 적도 없다며 수요집회를 그만두겠다는 이용수 할머니의 기자회견에 윤미향(전 정의기억연대 이사장)은 할머니를 '기억의 왜곡'으로 몰아가고, 그동안 용기 있게 위안부 피해자들을 대변해 온 이용수 할머니를 도리어 욕되게 하고 있다.

'정의연'은 1990년 11월 발족한 '한국정신대문제대책협의회'(이하 정대협)와 2015년 박근혜 정부 당시 한일위안부협상이 타결되자 2016년 한일합의 무효화 및 일본군성노예제 문제의 정의로운 해결을 하겠다며 설립된 '일본군성노예제 문제해결을 위한 정의기억재단'과 2018년 통합, 출범한 단체다.

지난 3년간 특정 목적 지정 기부금 외 각종 기부금 수익 22억여 원 가운데 40%가량인 9억여 원만 피해자 지원사업에 사용되어 왔고, 그나마 2016년 명시된 피해 할머니들에 대한 현금성 지원은 9만 원 수준에 불과하고 그 외에도 피해 당사자들을 위한 지원은 미미하며, 피해자 지원사업보다 단체관계자와 가족들의 장학금 지급 경비로는 수억 원대를 지출하는 등 불투명한 재정 운용과 회계처리 전반이 의혹을 사고 있다.

'정의연'의 정의롭지 못한 행태는 한일위안부협상과 배상 과정에서도 드러나고 있다. 한일 양국 차원에서 합의한 위안부

협상에 자신들도 모르게 협상한 졸속 타결이라고 피해자 할머니들을 선동해 일본 정부의 진정한 사과 없는 배상이라며 받아들일 수 없다는 여론으로 몰아왔고, 할머니들에게 일본의 배상금을 받지못하도록 종용한 의심을 받고 있다.

또한 '정의연'은 피해 당사자인 할머니들의 뜻과는 무관하게 한일 위안부 합의에 대한 끊임없는 반대 논란을 일으키며 일본으로부터 배상금 10억 엔 반환과 양국 간 합의 이후 설립된 '화해치유재단' 해산을 요구하며 여론을 부추겨 왔고, 오로지 단체의 생존과 영리를 위해 위안부 할머니들을 악용하고, 단체의 생존을 위해 '반일감정'을 도구로 활용해 왔다.

고사리손으로 어린 자녀들이 저금통을 털어 기부한 돈, 감수성 어린 청소년들이 용돈을 아껴 기부한 성금, 역사적 피해자들인 할머니들을 위로하는 기업의 후원까지 크고 작은 기부금들을 모아 정작 그들이 사용한 운용처는 피해자 당사자들이 보기엔 참으로 옹색하다 못해 배신감이 들 만도 하다.

정의연은 이제 그만 수요집회를 멈추고 거짓 선동 기부금 모금활동을 멈추어야 한다. 국가와 국가 간 합의마저 일개 단체가 나서 파괴하고, 없던 것으로 되돌리는 힘의 원천은 도대체 어디에서 나오는 것인가. 이들의 행태를 보면 마치 위안부 피해자 당사자는 피해 할머니들이 아닌 정의연 일당들이 피해자처럼 보인다.

공공의 활동과 목적사업을 위해 기부금을 모금한 단체로서 투명한 기금 사용 공개는 당연하다. 진정으로 위안부 피해 할머니들의 아픔을 나누고 보살피며, 기림사업을 하고 싶다면, 돈벌이에 급급하지 말고 자원봉사단체로 전환하여 주머닛돈을 털어 진정성을 보이길 바란다.

인권으로 위장하고 시대의 아픔을 이용해 위안부 할머니들에게 두 번 상처를 떠안긴 정의연은 국민 앞에 사죄해야 한다. 아울러 공직자가 될 자격이 없는 사람이 국회의원으로 당선돼 국민의 혈세를 좀먹는 일은 허탈한 일이다.

2020. 5. 12.

당시 위안부 피해 할머니들에 대한 지원 현황

정내협과 위안부 피해 할머니들은 일본과 정부가 주도한 지원금 문제로 여러 번 갈등을 빚었다. 1997년 일본 외무성 주도로 조성된 '아시아평화국민기금'에서 할머니들에게 500만 엔씩 지원했을 때 정대협은 "일본 돈을 받으면 자발적 공창(公娼)이 되는 것"이라며 반대했다. 2015년 한·일 위안부 합의에 따라 만들어진 화해치유재단에서 생존 할머니들에게 1억 원씩 지원했을 때도, 정대협은 할머니들에게 돈을 받지 않도록 권유했다. 이 때문에 당시 생존 할머니 47명 중 35명만 돈을 받았다. 정대협은 별도로 대대적인 모금 운동을 통해 조성한 기부금으로 치유재단 돈을 수령하지 않은 할머니 중 8명에게만 1억 원씩 지원했다.

정의연 기부금 사용이 논란을 빚는 건 이와 무관치 않다. 일본에서 주는 돈을 받지 못하게 하면서 자신들이 국민에게 기부받은 돈조차 할머니들에게 제대로 쓰지 않고 있기 때문이다. 정의연은 2016년부터 지난 4년간 49억 7344만 원의 기부금을 거뒀는데, 할머니들에게 직접 지급한 기부금은 9억 2014만 원(18.5%)에 불과했다. 이 중 2017년 할머니 8명에게 1억 원씩 총 8억 원을 지원한 것이 가장 큰 지출이었다. 이를 포함해 2017년 정대협은 8억 6990만 원을 할머니들에게 지원했다. 이때를 제외하면, 2016년에는 30명에게 270만 원(1인당 9만 원꼴), 2018년에는 27명에게 2320만 원(1인당 86만 원꼴), 2019년에는 23명에게 2433만 원(1인당 106만 원꼴)만 지급했다. 각각 그해 거둬들인 기부금 수입의 0.2%, 1.9%, 3%였다.

공정한 세상을 꿈꾸다

국민 대다수의 정서에 반하는 언행으로 국론 분열을 조장하는 '정의구현사제단'은 들끓는 민심을 헤아려 이참에 '정의'라는 이름으로 결성된 자신들의 집단 정체성을 돌아봐야 할 것이다.

'정의구현사제단'과 '정의'

최근 정의구현사제단 전주교구 시국미사에서 박창신 원로신부가 한 발언이 사회적·정치적으로 큰 파문을 일으키고 있다.

18대 대선을 부정선거로 몰아가며 대통령 사퇴를 촉구하는가 하면 북한의 연평도 포격사건을 우리 정부의 탓으로 돌리며 마치 북한의 도발 행위가 정당한 것처럼 강설했다.

"서해 북방한계선(NLL) 문제 있는 땅에서 한·미 군사훈련을 계속하면 북한에서 어떻게 하겠어요? 북한에서 쏴야죠. 그것이 연평도 포격사건이에요."

나라를 지키다 무고하게 희생을 당한 젊은 장병들과 유족들의 아픔을 헤아리지 못하는 그의 발언은 명색이 '사회정의'를 부르짖는 사제단 종교 지도자로서 도대체 제정신으로 하는 말인지 의구심을 산다.

사제가 직접 정치적이고 사회적으로 개입하는 것을 가톨릭교회 교리(2442항)에서도 금지하고 있고, 이는 '종교와 정치의 분리'를 명시하고 있는 헌법(20조) 정신에도 위배된다. 종교 성전은 과거 한때 우리 사회의 민주주의가 성숙되지 못했을 때, 불의와 폭력을 피해 날아든 상처 입은 영혼들을 보듬어 주던 거룩한 성지였고, 절대적 힘과 권력에 저항하지 못하는 국민의 귀가 되고 입이 되어준 성직자들로부터 위로받던 안식처였다.

그런 교단이 이제 일부 그릇된 종교집단에 의해 사회를 혼란스럽게 하고 국가의 기강을 뒤흔들며, 세속의 모든 현안에 개입해 갈등을 증폭시키고 있다. 본연의 역할보다 시시때때 정치에 개입, 이슈화해 온 불교, 기독교 일부 모임도 시국선언을 계획하고 있다 한다. 이들은 특정 정파의 세력에 편승 힘을 실어주는가 하면, 정부 불신, 국민 분열을 조장하며 편협된 사고를 국민에게 심어주고 있으니 얼마나 위험한 일인가.

지금이 어느 때인가. 국민의 손으로 선출한 새 정부가 출범한 지 1년이 다 되어가고 있다. 이제 우리나라도 세계 정상의 국가들과 어깨를 나란히 하며 다국적 교류와 협력을 강화, 경제적

실익을 찾기 위해 노력하고 있다. 글로벌시대 외교를 통해 교역을 확대하고, 국민소득 3만 불 시대를 향해 전력을 다하며 경제적 안정과 국민복지 실현을 위해 국가를 잘 이끌어 나갈 수 있도록 국민이 함께 힘을 모아도 부족할 때다.

　나라 걱정하는 마음으로 간절히 신께 간구하는 시국미사까지야 어찌하겠는가마는 중립의 도를 넘어선 정치적 편승과 일부 정파의 힘 실어주기 행위는 이제 자제해야 한다. 아울러 국민 대다수의 정서에 반하는 언행으로 국론 분열을 조장하는 '정의구현사제단'은 들끓는 민심을 헤아려 이참에 '정의'라는 이름으로 결성된 자신들의 집단 정체성을 돌아봐야 할 것이다.

　'정의'란 무엇인가. 기본적으로 사람이 지켜야 할 올바른 도리를 말하지만, 플라톤은 국가의 '정의'를 지배자, 군인, 일반시민이 '각각의 업무'에 힘쓰고, 거기에 지혜와 용기와 절제가 실현된 조화로운 상태를 일컫기도 했다. 아리스토텔레스(Aristotelēs)는 '국가 아래에서의 인간들의 유대'라고 정의를 설명하기도 했다.
　'정의'의 진정한 의미를 되새긴다면 '정의구현사제단'은 더 이상 함부로 정의라는 이름으로 사회를 어지럽히거나 국민을 호도하지 말기 바란다.

2013. 11.

공정한 세상을 꿈꾸다

공직자는 국민의 모범이 되고 도덕과 윤리의 가치 기준이 되어야 한다. 공직자의 범죄 행위는 엄벌을 받아 마땅하다.

유행병이 되고 있는 성추행 범죄

2020년 4월 23일 오거돈 전 부산시장이 여성 공무원 성추행 사건으로 전격 사퇴하는 초유의 사건이 발생했다. 부산시민은 물론이고 온 국민은 충격과 함께 개탄을 금치 못했다. 오 전 시장이 자진 사퇴는 했지만, 오 전 시장의 기자회견 입장문은 최소한의 자존심을 찾기 위한 변명 일색의 사과일 뿐이었다.

당시 부산지역 여성계에서는 앞서 조국 사태 당시 전국 최초로 긴급 결성한 '부산여성100인행동'에서 코로나 사태로 더욱 무너져 내린 지역경제와 민생을 살리기도 바쁜 정국에, 집무실에서 업무를 핑계로 성(性)갑질이나 하고 있었다는 사실에 대해 분노를 표하며 기자회견을 했다. 산적한 지역 현안들을 내팽개치고 350만 부산시민의 미래가 달린 막중한 부산시정 업무를 중단시킨 과오는 오거돈 전 부산시장과 더불어민주당이 단순한 사과를 넘어 책임을 지는 모습을 보여야 할 것을 촉구했다.

게다가 집권 여당의 '미투' 성범죄 사건은 3년 내내 꼬리를 물고 이어지던 상황이었다. 집권 초 안희정 충남지사의 여직원 미투사건에 이어 정봉주 전 의원의 성추행 의혹사건, 김남국 21대 국회의원 당선인이 성인 팟캐스트에 출연해 여성비하와 성희롱으로 바닥 수준의 성인지 감수성을 보이기도 했다. 그런 데다 잇달아 명색이 한 도시의 시장이라는 사람이, 버젓이 집무실에서 성추행을 일으켜 선량한 피해자의 인권과 명예를 짓밟아 놓고 적반하장 격 '2차 피해' 운운하는 뻔뻔스러운 변명으로 공분을 산 것이다.

여기에 뇌물혐의로 수사받던 유재수 전 부산경제부시장은 '탐관오리의 전형'으로 5년 구형을 받았고, 부산 출신 조국 전 법무장관 가족의 온갖 불공정 비리사건은 이미 부산의 도시 이미지를 총체적 비리와 불공정의 도시라는 오명을 뒤집어씌우기에 이르렀고, 오거돈 전 시장의 성추행 사건으로 부산시민들은 낯을 들고 다닐 수 없는 지경이 되었다.
이런 사람을 부산시장으로 공천한 더불어민주당을 도대체 책임 있는 집권 여당이라 말할 수 있는지 한심스러웠다. 당장이라도 부산시민들께 석고대죄해야 할 판에 당시 민주당의 분위기는 벌써부터 차기 시장 후보 세울 궁리를 하고 있어 시민들의 비난을 샀다.

필자는 당시 여성계 성명서를 통해, 일련의 사태와 정권 핵심 세력의 잇따른 성범죄 행태는 진보와 인권을 기치로 여성의 배려를 앞세우는 모습을 보여온 민주당의 왜곡된 성인식과 불량한 양심의 이중성을 그대로 보여주고 있다고 지적했고, 덧붙여 당시 성폭력상담소에 공식 의뢰된 '현행 공직자 성추행 사건'을 선거의 유불리를 따져 뒤늦게서야 밝히는 이유에 대해서도 정치적 개입이 있었는지 철저히 조사해야 할 것을 촉구하기도 했다.

공직자는 국민의 모범이 되고 도덕과 윤리의 가치 기준이 되어야 한다. 공직자의 범죄행위는 엄벌을 받아 마땅하다. 연세도 있는 어른이 형무소에 갇혀 안타깝기도 하나, 저지른 죄에 대한 대가는 엄정해야 하기에 법 집행으로 벌 받고 있는 오거돈 전 시장의 서글픈 현실은 인과응보다.

아울러 피해 여성에 대한 2차 피해가 더 이상 가해지지 않도록 시민사회와 언론보도에도 신중을 요청하며, 이번 기회에 자치단체 '성폭력·성희롱 전담팀' 도입과 약자에 대한 성착취 및 반인륜적 범죄행위에 대해 강력히 처벌할 것을 촉구한다.

2020. 5.

공정한 세상을 꿈꾸다

곧장 직무를 정지할 만한 정당성이 부족함에도 탄핵소추를 남발하는 건 단지 '정쟁'을 위한 것이라고 밖에 볼 수 없다.

탄핵
중독

바야흐로 대한민국은 탄핵중독에 빠져있다. 이래서 탄핵, 저래서 탄핵, 별별 이유를 다 끌어다가 탄핵을 외치고 있다. 아예 주말마다 탄핵집회는 장 서듯 열린다. 이렇게 탄핵을 남발해도 될 일인가 싶을 정도로 탄핵의 무게감이 싱거울 정도다.

'탄핵'은 그야말로 법이 명시한 대로 법률에 의하여 신분이 보장되고 징계나 형사 소추가 곤란한 특정 공무원이 직무상 헌법이나 법률에 위배되는 행위를 했을 때 기본적인 탄핵 거리가 되고 국회에서 소추 의결할 수 있다. 그러나 현재 우리나라에서 벌어지고 있는 특정 강성 단체의 탄핵 시위와 거대 야당의 국회 탄핵 남발은 민주주의 질서를 파괴하는 행위이자, 나라를 혼란스럽게 하려는 의도로 밖에 보이지 않는다.

　　탄핵은 모든 국민이 수긍할 정도로 명백하고 타당한 탄핵의 이유가 있어야 한다. 국민적 공감대 형성도 어려운 별별 이유를 들이대어 탄핵을 외친들 나라만 혼란스럽고 길거리만 복잡하게 만들 뿐이다. 탄핵소추안은 그야말로 민주주의 파괴를 막기 위한 국회가 가진 최후의 수단이어야 한다. 엄중하고 신중하게 처리해야 할 사안들에 대해 노래 부르듯 처리하는 사안이 되어서 될 일인가. 정권 자체를 인정하고 싶지 않은 그들이야 현 정부가 어떤 일을 한들 입맛에 맞겠는가마는 노래처럼 불러대는 탄핵 남발에 국민은 짜증이 난다.

　　일부 강성 시민단체와 야당의 탄핵의 노래는 새 정권이 출발하기가 무섭게 시작됐다. 툭하면 대통령 탄핵을 외쳐대더니, 국무총리 탄핵, 법무부 장관 탄핵 등 국정운영에 따른 사안이 불거질 때마다 뜻이 관철되지 않으면 무조건 탄핵을 외쳐대고 있다. 최근 민주당은 모 판사 탄핵, 행안부 장관 탄핵, 방통위원장 탄핵, 검찰총장 탄핵 등 몇몇 검사까지 탄핵한다고 외쳤다. 국회 본연의 업무가 탄핵하는 일밖에 없는가 한심스러울 정도다. 나라와 국민은 안중에 없고 흠집부터 내고 보자 식이다. 여론을 형성해 국민적 불신을 선동하기 급급하다. 의견이 다르면 대화를 통해 소통하고 절충하여 합리적인 안을 도출해 나가는 게 자유민주주의의 의사소통 방식일진대, 길거리에 쏟아져 나와 탄핵의 기치만 올린다고 해결될 일인가.

거대 야당 민주당은 아예 '검찰독재정치탄압대책위원회'를 설립하고 몇몇 검사에 대해 '윤석열 대통령 처가 범죄 보위 검사'로 규정하면서 해당 검사들을 탄핵하겠다고 나섰다. 한동안 '한동훈 법무장관 탄핵'을 노래하다가 사정이 여의치 않자, 그 타깃이 이재명 대표와 민주당 의원들의 범죄를 수사하는 '검사들'이 된 것이다. 탄핵 이유도 청탁금지법 위반 의혹 등 '사소한 것들'이어서, 헌법에서 규정한 '헌법과 법률의 중대한 위반'이라는 탄핵 요건과도 부합되지 않는다.

곧장 직무를 정지할 만한 정당성이 부족함에도 탄핵소추를 남발하는 건 단지 '정쟁'을 위한 것이라고 밖에 볼 수 없다. 검사 탄핵의 진짜 목적은 내년 총선을 앞두고 검찰과 대립각을 세움으로써 지지층을 결집하는 동시에 이재명 대표에 대한 추가 사법 리스크를 방어하려는 전략이라는 것은 삼척동자도 아는 사실이다.

여기에 발맞춰 원외에서는 일부 반정부 시민단체들이 규합해 급조한 촛불행동이 맞장구를 치고 있다. 거의 주말마다 윤석열 대통령 퇴진을 외치고 끊임없이 김건희 여사를 특검에 부치라고 물고 늘어지고 있다. 아마도 탄핵의 노래는 윤석열 정부가 끝날 때까지 계속될 모양새다.

2023. 11.

정성스러우면 통한다

1 청년들의 탈부산을 막기 위한 '여기 살자, 부산' 토크콘서트 기획
2 아이 키우기 좋은 부산 출산율 제고를 위한 토크 콘서트
3 부산시 출산율 제고를 위한 전문가 정책토론회

우리는 부산 앞바다에 수장되었던 이순신 정신을
수면 위로 끌어올리는 데 그치지 않고,
이기심과 물욕에 사로잡혀 병들어 가는 세상을
건강하게 할 처방약으로 활용해야 한다.

1 부산대첩과 부산시민의 날에 대해 청년단체 특강
2 부산대첩의 역사적 의의와 계승방안 전문가 좌담회

1 부산여성신문과 한국여성의정 공동 주최
  2018지방선거 여성 후보자 아카데미 입학식
2 부산여성신문 주최 2022 지방선거 여성 당선자 축하간담회

1 박형준 부산시장 선거 선대위 발대식에서
  여성상임본부장 임명장을 받고
2 21대 총선 선대위출범 시 공동선대위원으로 참여
3 20대 대선선대위 차원의 저출산고령사회
  정책공약토론회 개최 후 참석자들과

정성스러우면 통한다

K팝으로 한창 치솟은 한류문화가 전 세계인의 가슴에 불을 지피고 있는 이즈음 새만금 잼버리는 선진 한국의 모습을 찾아볼 수 없는 후진성 그 자체를 보여준 부끄러운 행사가 되어버렸다.

정성이 부족했던
'새만금 잼버리'

푹푹 찌는 가마솥더위가 한창인 8월 초순, 꿈의 새만금 잼버리 야영장은 대한민국의 국격을 하루아침에 바닥으로 실추케 하는 현장이 되어 버렸다. 4만여 명이 참가하는 대규모 국제행사임에도 준비 미흡, 시설 미비, 폭염과 벌레 등 행사장의 열악한 환경 때문에 온열 질환자가 속출하는가 하면 여러 불편사항이 속출, 경악을 금치 못하게 했다.

K팝으로 한창 치솟은 한류문화가 전 세계인의 가슴에 불을 지피고 있는 이즈음 새만금 잼버리는 선진 한국의 모습을 찾아볼 수 없는 후진성 그 자체를 보여준 부끄러운 행사가 되어버렸다.

지난 2017년 2023세계스카우트 잼버리 개최지 확정 후 6년이나 지났는데도 행사장 기반 시설은 미흡하기 짝이 없었고 참가자들을 위한 부대시설도 제대로 갖춰지지 않아 여러 불편을 초래케 했다. 그만큼 주최 주관기관의 관심과 정성이 부족했다는 얘기다.

어느 정권 때 개최지가 확정되고 어느 정권에서 준비를 했건 간에, 관계자 모두의 무성의와 무책임 등 지역 특성은 고려 않고 행사부터 유치하고 보자는 지역이기주의가 빚은 결과물이다.

개최지 확정 이후 지난 5년간 공정률도 37%에 불과했다. 480억 원을 들여 준공한다던 잼버리 센터는 행사가 끝난 내년쯤에나 준공된다고 하니 무용지물에 예산을 쏟아부은 셈이다.

그동안 투입된 운영 예산이 1천억 원, 공사비가 2천억 원이라는데 도대체 그 많은 예산은 어디로 갔길래 고작 이 수준인가. 부푼 꿈을 안고 온 참가자들은 1인당 7~8백여만 원이 넘는 비용을 지불하고 땡볕 야영장을 견뎌냈다. 세계시민을 지향하며 주도적 미래를 기획하고자 모인 전 세계 청소년들이 꿈은커녕 갯벌의 진 구덩이에 갇혀 그늘 하나 없는 강렬한 태양 아래 온몸이 익을 판이었다.

그나마 정부의 신속한 대처와 종교계, 기업 할 것 없이 한마음으로 나서 전폭 지원하면서 체면을 세웠으나, 이번 기회에 문제를 제대로 짚어볼 필요가 있다.

새만금 잼버리 행사지는 2020년부터 시작된 늦은 매립공사로 인해 총체적으로 준비가 늦을 수밖에 없었기에 이미 예고된 참사였다. 2017년부터 3년을 허비한 후 겨우 3년을 남겨두고 준비를 하며 이대로면 제대로 행사를 치러낼 수 없다는 결론에 도달했을 텐데도 대책을 강구하지 않은 건 무슨 배짱일까.

세계 잼버리를 배운다며 견학과 벤치마킹도 수십여 차례 다녀왔는데 도대체 무얼 배워왔단 말인가. 주최 주관도 전라북도, 부안군, 세계스카우트연맹, 한국스카우트연맹, 여성가족부, 행정안전부, 문화체육관광부 등 7개나 된다. 삼복더위에 새만금 행사장에 하루 동안 현장을 둘러본 관계자들이 있다면 긴급 대책회의를 세워서라도 장소지 대체를 강구했어야 했다.

제25회 세계스카우트잼버리를 알리는 사이트 홍보 내용은 다시 봐도 참가국 청소년과 가족들 앞에 부끄럽기 그지없다.

"너의 꿈을 펼쳐라!", "야영장의 한쪽 면이 바다와 접하면서도 풍부한 자연환경을 누릴 수 있는… 전 세계 스카우트들이 모든 것을 스스로 마음껏 펼칠 수 있는 '꿈'의 잼버리가 완성되는 잼버리 야영장"이라니. 야심 차게 내건 대회 슬로건이 너무도 무색하다.

2023. 8.

정성스러우면 통한다

오랜 기간 누적되어 온 공직의 무질서와 기강 해이에 따른 참사라 할 것이다. 정치권은 정쟁으로, 공직자는 권력투쟁으로 모두가 국민은 안전에 없고 잿밥에 관심 갖는 사이 벌어지고 있는 일들이다.

이태원 참사에서
새겨야 할 교훈

얼마 전 핼러윈데이를 즐기기 위해 들뜬 기분으로 이태원을 찾았던 멀쩡한 젊은이들이 길을 걷다가 사망한 어처구니없는 참사가 벌어졌다. 사망자가 150여 명, 중상자만 수십 명에 이른다.

많은 인파가 몰릴 것이라는 예측이 이미 곳곳에서 제기되었음에도 모두가 무관심하던 사이 아무런 통제나 대책 없이 좁은 골목에 10만 인파가 몰려 북새통을 이루었고, 급기야 첨단 과학기술과 정보력이 보편화된 현대 문명사회에서 믿기 어려운 압사사건이 벌어져 온 국민에게 충격과 씻기 어려운 상처를 안겨주고 말았다.

대한민국, 오늘도 안녕하십니까

지난 2020년 초부터 시작된 코로나19로 인해 오랜 기간 사회적 거리두기를 하며 외부와 단절되었다가 해제된 지 얼마 되지 않아 맞이하는 첫 핼로윈 축제라는 점에서, 모처럼 해방감을 즐길 기회가 될 것이라는 점은 이미 예측되었다. 이번에 특히 MZ세대들의 피해가 컸던 것은 매우 안타까운 일이다.

이러할진대 치안과 질서를 책임질 일선의 경찰과 지자체 책임자들은 속수무책 무방비 상태로 손을 놓고 있었다는 게 말이 될 일인가. 국정감사와 수사 결과를 통해 속속 드러나고 있는 사실에 국민의 분노가 들끓어 오른다. 총체적 공직기강의 해이와 안전불감증의 결과다.

해마다 크고 작은 사건·사고와 맞닥뜨리며 '천재지변'이 아니라 '인재'였다고 혀를 내두를 때가 얼마나 많았던가. '소 잃고 외양간 고치는 것'도 학습이 되지 않은 격이다. 수많은 사건·사고들이 되풀이될 때마다 두 번 다시는 이런 참사가 일어나지 않도록 해야 한다는 자성의 목소리가 높았고, 여기저기서 지적과 대안들이 쏟아져 나왔지만 결국 달라진 게 없다. 수많은 전례를 통해 이쯤 되면 예방책이 아니라 대응 수준이 이골이 나 있어야 옳다.

그런데도 우리가 맞닥뜨리는 것은 마치 처음 접하듯 갈수록 어이없고 당황스러운 사건들이 계속해서 반복되고 있다. 개선과 진전의 여지도 없다. 도대체 무엇 때문인가. 이는 당장의 책임에서 자유롭지 못한 공공 부문 책임자들의 업무상 과실치사 외에도, 오랜 기간 누적되어 온 공직의 무질서와 기강 해이에 따른 참사라 할 것이다. 정치권은 정쟁으로, 공직자는 권력투쟁으로 모두가 국민은 안전에 없고 잿밥에 관심 갖는 사이 벌어지고 있는 일들이다.

이미 우리는 국가나 지자체에서 비상 상황이나 사태에 대응하기 위해 하다못해 지역사회와 주요 기관장들이 협의하는 '방위협의체'를 갖추고 있고, 각 기관마다 비상안전망과 시스템도 가동되고 있다. 기존의 시스템만 잘 작동되어도 막을 수 있는 참사였다.

이번 이태원 참사와 관련 책임 소지가 있는 공직자들이 하나하나 소환되기에 이르렀고 직무 유기, 업무상 과실치사 혐의로 입건 또는 조사 중이다. 그러나 안타깝게도 필자는 아무리 최고 책임자들을 불러 죄목을 붙여 일벌백계로 자리를 내려놓게 한들 숙환처럼 고질적인 안전불감증과 기강해이가 고쳐질 병인가 의구심이 든다.

긴장감을 내려놓은 공직사회에는 업무태만이 만연하고 책임과 역할에 대한 소명의식을 잊어버린 조직은 권리만 부르짖고 기관과 기관은 권력다툼에만 급급한데 과연 이런 사회에서 시스템이 제대로 작동되겠는가 말이다.

이런 불투명하고 혼란스러운 사회에서야말로 424년 전 순국한 이순신 장군이 우리에게 남긴 불멸의 혼이 무엇인지 깨달아야 한다. 세월호를 기점으로 수년 전부터 시민사회가 시대정신으로 받아들이자고 한마음이 되어 외쳤던 '사랑, 정성, 정의, 자력'이라는 위대한 4대 정신을 소환해, 이 가치 회로가 모든 공직자의 가슴속에 뿌리를 내려 실천으로 이어질 때 비로소 사회의 안전 시스템도 제대로 작동될 것임을 확신한다.

2022. 11. 10.

정성스러우면 통한다

감정이나 여론에 휩싸여 대응하기보다 이웃 국가 간
최소한의 피해를 줄이기 위한 정보 공개와 상호 협력을
통해 지구적 문제에 함께 대응하고 해결해 나가는
분위기가 필요한 시대다.

후쿠시마 핵오염 처리수
해양 방류 논란

　　　태평양 바다를 사이에 두고 일본과 가장 인접한 국가인 대한민국은 후쿠시마 핵오염 처리수(후쿠시마 제1원전의 오염수를 두고 우리 사회는 '오염수'로 지칭하고 있는 데 반해 일본 정부는 '처리수'를 공식 명칭으로 하고 있다) 해양 방류와 관련해 그 논란이 뜨겁다.

　　　일각에서는 '생명권을 위협하는 대 테러행위'로 간주하며 결사 저지 운동에 나섰고, 논란을 부추기는 일부 정치권은 금방이라도 수산물을 먹으면 큰일이라도 날 것처럼 더 시끄럽다.

　　　연일 터져 나오는 뉴스에 시민사회의 논란은 경각심보다 불안감 공포감을 더 조장하고 있다는 문제도 제기되고 있다. 핵

오염 처리수가 방류되기도 전에 수산업계는 벌써부터 타격을 받기에 이르렀고, 마치 수산물을 먹으면 안 되는 것처럼 공포감은 극도로 치닫고 있다. 급기야 국회를 찾은 어민들은 "오염수 인질극은 그만… 살려 달라" 엎드려 큰절까지 하며 호소하고 나섰다. "우리 바다를 오염시키는 장본인은 정치인, 언론, 가짜 전문가들"이라며 "수산물과 수산물 판매상인을 볼모로 잡는 인질극을 더 이상은 벌이지 말아달라"는 것이다.

과연, 정치적 선동을 위한 괴담인가? 우리의 생명을 위협하는 행위인가? 이 문제와 관련 우리는 어떻게 대처해야 현명할지 참으로 혼란스럽다. 시민단체의 강도 높은 생존권 목소리는 당사자인 어민들과 수산업 관련 종사자들보다 더 크고 절박하다. 이러한 분위기에서 행여 괴담 운운했다가는 몰매를 맞을까 입을 닫는다는 사람들도 많다.

후쿠시마 핵오염 처리수 문제에 대해 일부 정치권이 이런저런 이유로 믿지 못하겠다고 목청을 높인다. 그야말로 '답정너'다. 일각에서는 답을 정해놓고 문제 삼는 부류들의 저의를 의심하기도 한다. 핵오염 처리수가 태평양을 돌고 돌아 희석된 바닷속에서 자란 수산 생물 속에 얼마나 많은 방사능 오염수가 영향을 미칠 수 있는지 모르겠다는 것이다. 수많은 국가의 유사 사례는 물론 여타 나라에서 이러한 문제와 관련해 어느 국가, 어느 사회도 크게 정치적 쟁점으로 몰고 가는 경우가 없는데 유독 우리

나라만 왜 이토록 민감한지 모르겠다는 것이다.

　　운동권 출신 횟집 사장 함운경 씨는 한 매체와의 인터뷰에서 "대체로 반일감정과 엮이면 더더욱 비합리적 경향성을 보이게 되는 것 같다. 사실 일본 후쿠시마 원전보다 훨씬 많은 삼중수소가 중국에서 우리 서해바다 쪽으로 흘러나오고 있는 것으로 알고 있는데, 여기에 대해서는 별다른 문제들을 제기하지 않고 있다"고 했다. 보면 결국 과학적 사실과 무관하게 정치 이념이나 진영논리의 문제가 대중 여론에 상당한 영향을 끼치는 셈이라는 말이 맞다.

　　실제 국내에서도 일부 기업들이 수처리 하지 않고 오염수를 흘려보내는 경우도 비일비재하고, 이런 연유로 낙동강 하류는 중금속이 기준치 이상인 '녹조라떼' 오염수를 식수로 걸러 먹고 있으면서도 이에 대해서는 정치권은 생존권 운운하며 목 터지게 외치지도 않는 행태를 비판하는 시민들도 많다.

　　일본 후쿠시마 핵오염수 문제가 확산되자 지난 7월 4일 라파엘 그로시 국제원자력기구(IAEA) 사무총장은 도쿄 일본기자클럽에서 열린 기자회견에 참석해, 일본 정부의 후쿠시마 제1원자력발전소 오염수 방류 계획은 지난 2년간에 걸쳐 평가를 한 결과 "적합성은 확실하다, 기술적 관점에서 과학적으로 신뢰할 수 있다"고 발표했다.

그럼에도 불구하고 한국의 일부 정치권과 시민단체 등은 결코 믿을 수 없다는 반응을 보이고 있다. "방사능 오염수의 처리 결과를 결코 믿을 수 없을 뿐만 아니라, 안정성이 검증되지도 않은 오염수가 바다에 버려진다면 어민과 수산업 종사자 그리고 전 국민의 건강과 안전도 위협받을 것"이라는 게 그 이유다.

급기야 급식의 안전성을 요구하며 어린이들까지 집회 현장으로 나와 성토하기에 이르렀다. 야당 대표는 국회에서 '일본 후쿠시마 오염수 해양투기 저지를 위한 아동·청소년·양육자 간담회'를 열고 "핵 오염수 배출 문제에 대해 총력 단결해 대책을 강구하고 저지할 때가 된 것 같다"며 선동했다. 간담회에서 어린이와 청소년들은 거침없이 윤석열 정부를 비판하는 말을 쏟아냈다. 준비해 온 글을 읽은 것이다. 어른들이 정치적 목적을 위해 아이들까지 끌어들이는 모습은 참으로 씁쓸하다. 갑자기 십수 년 전 온 사회를 떠들썩하게 했던 미국산 쇠고기 광우병 파동이 오버랩되는 것은 왜일까.

일부 시민단체에서는 현 정부가 후쿠시마 원전 오염수 해양 투기 저지에 대한 입장 표명 요구에 대해 '과학적이고 객관적으로 안전하고, 국제 기준에 부합한 검증'이란 말을 반복하며 IAEA의 검증 결과를 중요한 판단 근거로 삼을 것'을 밝혀 왔지만, '문제는 IAEA는 이미 8년 전인 2015년 8월 발간한 후쿠시마 사고 보고서에서 후쿠시마 오염수 해양 투기를 권고하는 등 철저히 오염수 해양 투기에 찬성하는 입장을 보여 온 단체이기 때문에 믿을 수 없다'는 주장으로 대응하고 있다.

국제 전문가들의 말대로 "현재 도쿄전력이 계획하고 평가한 바와 같이 오염수를 통제하고 점진적으로 바다에 방류할 경우 인체와 환경에 미치는 방사능 영향이 미미할 것"인지, 시민단체 등이 주장하는 것처럼 "전 인류의 생명마저 위협하는 핵 테러를 자행하는 것"인지에 대한 치열한 TV 토론은 시청자들을 혼돈에 빠지게 한다.

이런저런 논란 속에 우리가 이러한 국제사회의 첨예한 문제와 이슈에 대해 현실을 직시하는 현명한 대처는 필요하다. 그런 점에서 새로운 대전환과 미래지향적 신한일관계를 천명해 온 현 정부의 태도는 강약을 잘 조절하고 있는 듯하다.

후쿠시마 오염수 방류는 우리가 반대한다는 공식 입장을 표명한다고 해서 결정될 사안은 아니다. 감정이나 여론에 휩싸여 대응하기보다 이웃 국가 간 최소한의 피해를 줄이기 위한 정보 공개와 상호 협력을 통해 지구적 문제에 함께 대응하고 해결해 나가는 분위기가 필요한 시대다. 그러기 위해서는 상호 이해와 신뢰가 필요하다는 지적도 있다.

한 언론인은 칼럼을 통해 한일관계의 엄연한 외교 현실을 되짚으며 일본으로서는 후쿠시마 오염수 상황이 애초부터 대지진이라는 천재지변에 따른 피해이기 때문에 문제 해결에 주변국의 이해와 배려를 기대하는 측면이 있는 상황에서, 우리 정부로서도 무력한 반대보다 이해와 배려로 신뢰를 쌓는 게 국익에 부합할 수 있다는 의견을 밝혔다.

역으로 일본이 우리의 이해를 구하려는 입장이 됐고 그러한 기류 속에 화이트 리스트나 통화 스와프 복원 같은 관계 정상화 조치가 가속화되는 중이고, 중대한 외교 난제들을 푸는 데도 긍정적 영향을 미칠 것이라는 게 전문가들의 시각이다.

어쨌든 우리의 밥상에 오르는 수산물에 대해서는, 매일 아침 방사능 측정으로 안전성을 검증받은 안전한 수산물이 유통되고 있는 깐깐한 시스템이 작동된다. 더 이상 소모적 논쟁을 멈추기를.

2023. 7. 4.

정성스러우면 통한다

문제 학생들을 훈계하고 처벌하는 과정에서 학생인권 침해로 신고되면 오히려 교사들이 겪는 불이익과 고충이 컸음을 볼 때, 개정은 불가피해 보인다.

학생인권조례와 아동복지법

최근 서이초 학부모 갑질 피해 교사 사망사건에 이어 학부모 악성 민원에 시달리던 대전초 교사도 숨지는 사건이 잇달아 발생하자, 학생인권조례에 대한 축소 또는 폐지 움직임이 일고 있다. 이와 함께 아동복지법에 대한 개정 필요성도 제기되고 있다. 교권이 침해받지 않고 학생들의 인권도 보호받을 수 있는 방안은 없을까.

언제부터인가 교육 현장에서는 교권보다 학생인권이 우선시 되기 시작했다. 교육 현장에서 학생 누구나 차별받지 않고 표현의 자유와 교육을 받을 권리 등이 있음을 보장하는 학생인권

조례는 2010년 경기도에서 가장 먼저 도입한 이후 서울(2012), 전북(2013), 충남(2020), 제주(2021) 등 6개 시도에서 운영 중이다. 모두 진보교육감 시절이다.

학생인권조례의 내용을 보면 학부모와 학생 입장은 물론 누가 봐도 그 취지는 반대의 여지가 없을 정도로 잘 짜여 있다. 문제는 적용 과정에서 발생한다. 해석의 범위와 정도를 어떻게 적용하는가에 따라 잘 만들어진 조례가 교사들에게는 큰 상처와 고통을 남기는 처벌이 될 수 있는 것이다.

서이초 교사 사망사건과 대전초 교사 사망사건 등 잇달아 발생한 교사들의 안타까운 죽음 뒤에 현행 아동학대처벌법과 아동복지법이 근본적인 문제로 작용하고 있음이 지적되고 있다. 거리로 뛰쳐나온 교사들이 추락한 교권 회복과 교원 보호를 위해 한결같이 주장하는 것이 바로 아동학대처벌법과 아동복지법 개정이다.

악성 민원에 시달리던 교사들의 잇단 죽음으로 국회는 서둘러 교권 보호를 위한 법안심사소위를 열어 초중등교육법 개정안, 교원지위법 개정안, 유아교육법, 교육기본법 개정안 등 이른바 '교권회복 4법'을 일사천리로 처리, 통과시켰다.

이에 따라 교육활동 침해행위의 유형을 공무집행방해죄와

무고죄를 포함한 형사범죄와 악성 민원까지 확대하였고, 교원이 아동학대범죄로 신고된 경우 정당한 사유가 없는 한 직위해제를 금지하고, 교원의 정당한 학생생활지도에 대해서는 아동복지법에 따른 아동학대금지행위 위반으로 보지 않도록 하는 규정을 신설하였다. 그러나 교사들은 '교권 회복 4법'만으로는 근본적으로 문제가 해결되지 않는다고 주장한다. 지난 2014년 제정된 아동학대처벌법과 그에 따라 일부 개정된 아동복지법을 고쳐야 한다는 것이다.

교사들이 '갑질'에 노출된 근원에는 아동학대처벌법과 아동복지법이 있다고 개정을 촉구하는 교사들은 '누구든지 아동학대 범죄를 알게 된 경우나 의심이 있는 경우 수사기관에 신고할 수 있다'고 규정하고 있는 게 문제라며, 이는 사실상 스스로 학대 여부를 판단하기 어려운 아동을 보호하기 위해 '누구든지', '의심'만으로도 신고가 가능하기 때문이라고 지적한다.

또 아동복지법 제17조는 아동학대 행위로 '아동에게 성적 수치심을 주는 성희롱 등의 성적 학대행위', '아동의 정신건강 및 발달에 해를 끼치는 정서적 학대행위', '기본적 보호 양육 치료 및 교육을 소홀히 하는 방임행위'를 명시하고 있는데, 표면적으로는 문제가 없어 보이지만 세부적으로 문제가 많다고 주장한다. 즉, '학대행위', '방임행위' 등의 기준이 구체적이지 않기 때문이다.

예를 들어 학부모가 자녀에 대한 훈육을 '정서적 학대행위'라고 주장하면서 '아동학대 피해의심'을 이유로 수사기관에 신고하면, 교사는 지방자치단체나 경찰서에 출석해서 피의자로 심문을 받아야 한다는 것이다. 특히 정서적 학대의 경우 그 범위가 넓게 해석되고 있어 웬만한 사안은 검찰로 송치되는 게 일반적이라는 설명이다. 단지 학대 의심만으로도 수차례나 자치단체, 경찰, 검찰을 오가며 조사를 받아야 하는 불명예스러운 상황에 처하는 것은 물론 심적 고통도 호소하고 있다.

뿐만 아니라 교육공무원법 제44조2 '아동복지법 제17조에 따른 금지행위'로 인해 '감사원 및 검찰 경찰 등 수사기관에서 조사나 수사 중인 자로서 비위 정도가 중대하고 이로 인하여 정상적인 업무수행을 기대하기 현저히 어려운 자'는 직위해제가 가능하도록 규정하고 있는 것도 문제로 지적한다.

문구에 '비위 정도가 중대하다'고 명시하고 있지만 일선 현장에서는 관행적으로 아동학대 신고 즉시 직위해제가 이뤄져 왔고 직위해제를 당한 교사는 임금의 50%를 삭감당하는 등 최고 1~2년 이상 조사를 받으며 법적 다툼을 벌이는 일이 허다하다고 호소하고 있다.

일선 교육 현장에서 일어나고 있는 교사들의 여러 불이익에 대한 주장과 관련해, 일각에서는 교사들의 입장은 충분히 이해하지만 어렵게 도입한 '아동학대처벌법'을 개정할 경우 또 다른 부작용도 발생할 수 있고 자기방어가 어려운 아동학대의 경우 법적 보호장치가 필요하다고 주장한다.

학생인권조례의 주요 골자는 차별받지 않을 권리, 폭력으로부터 자유로울 권리, 정규교과 이외의 교육활동의 자유 등이다. 학생의 입장에서 보면 당연한 권리이다. 그러나 이러한 조례가 도입된 배경도 간과할 수 없다. 그동안 학교 현장에서 지도를 빌미로 공공연히 행해온 교사들의 감정적 처벌과 폭력, 차별 등이 문제가 있어 왔기 때문에 보호장치가 필요하다는 주장도 있다.

그러나 지난 10여 년간 교육 현장에서 이 같은 조례의 지나친 적용으로 교권 침해라는 역효과가 나타났음도 간과할 수 없다. 문제 학생들을 훈계하고 처벌하는 과정에서 학생인권 침해로 신고되면 오히려 교사들이 겪는 불이익과 고충이 컸음을 볼 때, 개정은 불가피해 보인다.

참스승과 제자가 나기도 어려운 세상이다. 지식만 전달하는 교육자가 아니라 바른 인재를 양성하는 교육자가 될 수 있도록 처벌에 앞서 교사들이 참교육을 행할 수 있는 제도적 장치와 교육환경을 만들어 주는 일이 선행되어야 할 것이다.

2023. 9.

정성스러우면 통한다

우리는 부산 앞바다에 수장되었던 이순신 정신을 수면 위로 끌어올리는 데 그치지 않고, 이기심과 물욕에 사로잡혀 병들어 가는 세상을 건강하게 할 처방약으로 활용해야 한다.

부산, 이순신의 혼 되살리다

부산항 북항재개발지역 내 신설 도로명이 '이순신대로'로 확정 고시됐다. 총 1.07km 구간에 이르는 '이순신대로 107번길'이다.

임진왜란 당시 조선 수군을 이끌고 부산 앞바다로 진격해 왜적선을 크게 격파하고 왜군의 주둔지를 공격함으로써 왜군이 바다로 나설 엄두를 내지 못하도록 벌벌 떨게 했던 구국일념 이순신 장군의 서슬 퍼런 위엄과 호국 충혼이 430여 년 만에 되살아나는 순간이다. 아울러 43년 전 손재식 부산시장 당시 임진년 10월 5일(음력 9월 1일) 부산포해전의 역사적인 승첩을 기념하기 위해 '부산시민의 날'로 정한 의미도 되살리는 뜻깊은 순간이기도 하다.

더군다나 2030부산세계박람회 유치 활동 과정에서 전 세계인의 주목을 받기에 이른 부산북항 일대에서 월드엑스포가 개최되고 전 세계인이 찾게 된다면, '이순신대로'의 의미는 명실공히 전 세계인에 각인되고 부산 승첩의 정신을 만방에 알릴 수 있는 기회가 되리라 생각한다.

또한 이순신 장군이 이끈 4대 승첩의 리더십에는 어떠한 내면의 가치와 정신이 점철된 것인지 알 수 있는 기회임과 동시에, 그가 평생 일관되게 실천해 온 내면의 가치, '사랑, 정성, 정의, 자력' 정신을 시민정신으로 승화시키는 것을 넘어 세계인의 가슴속에 뿌리를 내리는 시대정신으로 삼을 수 있는 계기가 될 수 있다. 이러한 점에서 이번 '이순신대로' 명칭 지정은 또 한 번의 역사적인 결정이 아닐 수 없다.

북항의 '이순신대로'는 지난 2009년 임진왜란 당시 부산진성에서 결사 항전하다 순국한 충장공 정발 장군의 시호를 따 명명한 서쪽 바다 '충장대로'로 이어지는 역사대로 결사체로, 민주화의 성지 부산정신의 기저에 호국정신이 면면히 흐르고 있음을 돌아보게 한다.

이제 우리는 부산 앞바다에 수장되었던 이순신 정신을 수면 위로 끌어올리는 데 그치지 않고, 이기심과 물욕에 사로잡혀 병들어 가는 세상을 건강하게 할 처방약으로 활용해야 한다. 이러한 우리의 염원이 '이순신대로'의 탄생을 계기로 첫걸음을 떼었다는 점에서 그간 협력하여 이룬 부산시민들의 노력은 값지다.

세계를 향해 열려 있는 유라시아의 관문, 부산항은 이제 신문물과 신사고와 정신이 드나드는 관문으로서의 역할도 충실히 해야 할 때다. 다행히 월드엑스포를 기회 삼아 세계시장을 무대로 세일즈를 펼치고 있는 박형준 시정의 강력한 지지에 힘입어 부산이 다시 한 번 비상하는 새로운 기회가 될 것임은 분명하다.

또한 그 미래 번영의 길 위에 첫 초석을 깔아놓은 '이순신대로'는 부산의 미래를 탄탄대로로 이어지게 만들 기회의 주춧돌 역할을 하리라 믿는다.

따라서, 이러한 안팎의 시대적 현안을 기회 삼아 그동안 부산대첩기념사업회와 부산여해재단 등 부산지역 시민사회가 한마음이 되어 추진해 온 관련 사업들을 본격적으로 추진하는 동력으로 삼아야 한다. 이순신 정신을 전 세계인이 시대정신으로 마주할 수 있도록 이제부터는 과감하게 다음 단계로 나아가야 한다. 그것이 바로 부산대첩기념공원의 조성과 부산대첩기념관의 건립이다. 보이지 않는 정신을 뒷받침하고 명백한 역사적 사실을 입증할 탄탄한 유형의 콘텐츠는 세계를 건강케 할 이순신의 4대 정신을 널리 알리고 보급하는 데도 효과적일 것이다.

오직 사랑과 정성으로, 바른 길 위에서 제 힘으로 나아갔던 이순신 장군처럼, 우리의 힘으로 2단계 비전을 위해 힘을 모으고 더 나은 부산의 미래를 만들어 가길 소망한다.

2023. 6. 22.

대한민국, 오늘도 안녕하십니까

정성스러우면 통한다

부산 앞바다에 수장된 이순신과 장수들의 충정 어린 애국·애족정신을 잊고 있다. 지금이라도 소중한 역사문화유산으로 삼아 우리의 관광자원으로 활용하고 글로벌 시대정신으로 발전시켜야 할 때다.

부산시민의 날과 부산대첩

부산시민의 날, 10월 5일이 다가오면 늘 아쉽고 죄송하다는 생각이 든다. 429년 전 임진왜란 당시 부산 앞바다에서 일어난 가장 큰 역사적 사건인 부산대첩 승전일이요, 이순신이 이끄는 조선 수군이 목숨을 바쳐 왜적선 백수십여 척을 격파하고 생존의 기틀을 마련한 의미 있는 날이기 때문이다.

적의 본진을 초토화하여 조선 수군이 재해권을 완전히 장악, 왜군의 수륙양병작전에 차질을 빚게 함으로써 결과적으로 조선을 지켜낸 결정적인 전투이자, 오늘날 이 나라와 부산이 건재할 수 있는 바탕이 된 역사적인 날이다. 이름하여 부산대첩(부산포해전)은 부산 시민들에게는 무한한 자긍심을 느끼게 해주는 자랑스러운 우리의 상징적인 역사문화유산이다.

그러나 임진왜란 당시 이순신 장군이 이끄는 조선 수군들의 혼이 서린 해상 전투는 서해에서 남해 그리고 부산해상에 이르기까지 미치지 않는 곳이 없지만, 유독 우리 부산만은 이순신과 부산대첩의 역사를 제대로 조명하지 못하고 구국충혼의 흔적과 정신을 살려내는 데 무관심한 듯해 안타깝기 그지없다.

1592년 임란 당시 한산해전, 명량해전, 노량해전, 부산포해전 등 4대 해상 전투를 승리로 이끌었던 이순신 장군은 이중 단연 부산포해전(부산대첩)을 으뜸으로 꼽는다. 선조 임금에게 올린 그의 장계를 보면 부산포해전의 중요성과 역사적 의미를 새길 수 있다.

"전후 네 차례, 열 번의 접전에서 번번이 승첩을 거뒀으나 장수들의 공로를 논한다면 이번 부산 싸움보다 더 큰 것이 없었습니다. 전에는 적선의 수효가 많아 봤자 70여 척을 넘지 못했사온데 이번에는 적의 소굴에 470여 척이 늘어선 가운데로 위풍당당하게 뚫고 들어가 하루 종일 공격해 적선 백수십 척을 격파했습니다. 그래서 적들에게 간담이 서늘해지고 목을 움츠리며 두려워서 벌벌 떨게 했습니다. 비록 적의 머리는 베지 못했을지라도 힘써 싸운 공로는 지난번보다 훨씬 더 컸습니다."(임진장초(壬辰狀草))

비록 이순신 장군이 아끼던 녹도만호 정운 장군을 부산해

전에서 잃었지만 조선 수군이 왜군의 본진을 초토화하고 바다의 제해권을 장악해 왜군이 바다로 나올 엄두조차 내지 못하게 만든 '부산대첩'이야말로 조선을 지켜낸 결정적인 전투였다.

이처럼 임진왜란에서 나라를 구하는 최대 해전을 치렀음에도 부산은 '부산시민의 날'만 정해놓았을 뿐, 그 의미를 제대로 아는 사람조차 없고, 성웅 이순신을 기리고 역사교육의 산 교육장으로 삼을 그 어떠한 기념비적인 공간조차 없다는 것은 슬픈 일이다. 인근 통영이나 거제, 여수 등 타 도시와도 너무나 대조적이다.

통영과 거제만 해도 이순신 장군의 전적지와 관련 유적지가 손으로 꼽을 수조차 없이 많고, 길 이름마저 의미를 살려 도시 전체가 이순신의 충혼이 깃들어 있다고 해도 과언이 아니다. 선조들의 구국정신을 시대정신으로 녹여내 후손들이 삶의 지표로 삼을 수 있도록 새기고자 하는 지자체의 노력이 엿보인다.

심지어 이순신 장군이 땅 한 번 밟지 않은 통영은 이순신 장군과 한산대첩 관련 이야기가 도시 전체를 뒤덮고 있다. 그 위용과 조상의 감사함을 느낄 수 있는 한산대첩 광장(3,300㎡)을 비롯해 기념관, 그리고 전투 후 육지로 돌아와 무기를 씻었다는 세병관, 제승당 등 그 역사성은 물론이고, 아름다운 풍광으로 통영의 명소로 꼽히는 '이순신 공원'은 통영시민의 자부심이라는 문화해설사의 자랑이 귓전을 맴돈다. 이뿐인가. 옥포 앞바다가 한눈에 펼쳐지는 곳에 기념관과 사당, 승전기념비, 충(忠)자를 형상화한 참배단이 자리 잡고 있는 거제 '옥포대첩기념공원'은 거제시민의 역사문화의식이 느껴지는 곳이기도 하다.

이처럼 각 지자체는 경쟁적이리만큼 이순신 마케팅에 혈안이지만 우리는 부산 앞바다에 수장된 이순신과 장수들의 충정 어린 애국·애족정신을 잊고 있다. 지금이라도 소환하여 부산시민정신으로 승화해야 한다. 아울러 소중한 역사문화유산으로 삼아 우리의 관광자원으로 활용하고 글로벌 시대정신으로 발전시켜야 할 때다. '사랑, 정성, 정의, 자력'의 정신을 부산 곳곳에 심고 도전정신을 가진 젊은이들이 이웃과 부산사랑을 이어갈 수 있도록 하는 것이 그 어떤 것보다도 시급하다.

다행히 우리 부산에도 기회가 찾아왔다. 부산포해전을 치른 승리의 장소, 북항 일대에서 2030부산세계박람회가 추진되고 있다. 엑스포는 부산경제 부흥의 기회이자 세계도시로 도약하는 디딤돌이다. 부산의 브랜드를 알리고 자부심을 느낄 수 있는 이 국제행사 유치를 계기로, 국가사랑과 애민정신을 느낄 수 있는 부산대첩기념공원과 기념관, 부산대첩로 등의 조성을 통해 세계인에 부산대첩 정신을 널리 알리는 것이 어떨까.

2021. 10. 1.

대한민국, 오늘도 안녕하십니까

정성스러우면 통한다

고독사 문제는 남의 일이 아니다. 더 이상 부족한 재원과 일손을 탓하지 말고 현장의 목소리에 귀를 기울여 행정에 적극 반영했으면 한다.

고독사,
현장 중심 대책이 필요하다

누군가와 연이 닿지 않아 주변 누구도 죽은 사실도 모른 체 여러 날이 지나 발견되는 무연사. 일명 고독사다. 세상이 각박하고 흉흉할수록 고독사가 증가하고 있다. 2021년 기준으로 3,378명에 이른다. 보건복지부가 2022년 12월 내놓은 통계에 의하면 매일 10명에 가까운 이가 고독사로 세상을 떠나고 있다.

많이들 '고독사' 하면 대체로 독거노인을 떠올린다. 그동안 가장 사례가 많았기 때문이다. 그러나 고독사는 노인이나 극빈층 1인 가구만의 문제가 아니다. 가족, 세상과 등지고 홀로 은둔해 살아가는 많은 예비 고독사 대상들이 있음을 사건을 통해 알

수 있다. 최근엔 청년 고독사 비율도 높아지고 있다.

이런저런 사연으로 가족 친지와 등지고 무연고자로 살다가 병으로 또는 삶을 비관해 자살을 하거나 다양한 이유로 생을 마감하는 사람들이 많지만, 정부가 관리하고 있는 대상자들은 65세 이상 홀로가구 5%에 불과하다.

매스컴에서 안타까운 고독사 뉴스를 접할 때마다 그저 사회 세태와 현상이려니 싶었는데 고독사 예방에 진심인 한 사람을 만나고 세상을 다시 보게 됐다.

2005년 고독사 현장을 처음 접한 후에 고독사의 현실과 예방법을 알리기 위해 노력해 온 현직 형사, 영도경찰서 권종호 수사관이 그 주인공이다. 어느 날 지인의 손에 이끌려 신문사 사무실을 방문한 그를 처음 알게 됐다. 무시무시한 사건 현장을 누비고 다닐 사람 같아 보이지 않았다. 다소곳하고 수줍음이 많은 온화한 느낌의 그가 끔찍한 사건 현장을 수사하고 형사계에서 잔뼈가 굵은 사람이라니 믿기지 않았다.

어쨌든 표정에서 읽을 수 있었던 분명한 것은 참 마음이 따뜻하고 강직한 사람이라는 것이었다. 그런 선한 마음이 없었다면 그가 고독사 현장의 주검들을 추스르고 망자의 혼령을 위로하며 그들의 소리 없는 아우성에 귀를 기울일 수 있었을까.

권 형사가 18년간 고독사 현장을 수습하고 사건을 처리하며 정의한 명제가 있다.

"고독사는 사회가 방치한 또 다른 범죄다."

두 번 다시 부작위에 의한 살인 사건이 일어나지 않도록 고독사가 무엇인지, 고독사의 비참함, 망자의 고독함, 남은 자의 후회를 사람들에게 알리고 싶었다는 그는, 무엇보다 고독사는 두려움의 대상이 아니라 극복할 수 있는 것임을 알리고 싶다고 말했다. 고독사 예방을 위해 백방으로 뛰고 있는 것도 그 이유다.

먼저 관할 행정기관의 관심과 인식 전환, 고독사에 대한 규정부터 제대로 정의되어야 대책을 세울 수 있음을 강조했다. 현 복지행정 체계의 인식에도 문제가 있음을 지적한다. 복지과에서 규정하는 고독사 예방 대상자들은 재산이 없는 차상위 계층, 생활보호대상자 및 고독사 위험군에 속한 사람들이다. 고독사 위험군은 각 지자체가 마련한 기준에 따라 결정된다. 이들은 거금의 지자체 예산으로 관리를 받고 있는 대상자들이다. 그래서 그들은 고독사가 없다고 말하고 그렇게 공식 집계한다. 관리받는 5% 범주의 사람들이 고독사를 당하지 않으니 복지지대 안에서는 마땅히 관리가 잘 이루어지고 있다고 믿는 것이다. 그렇다면 나머지 95%는 가족이 있다는 이유만으로 돌봄을 받지 못하고 방치된다. 자식들에게 경제적 지원도 한 푼 못 받는데 구청에서는 자식들의 소득을 이유로 보조금을 지원해 주지 않는 현실이다. 권 형사는 고독사의 절반을 차지하는 5060 중장년층을 상대로 한 복지사업은 36개로 아동 청소년 64개, 청년 58개, 노령층 50개에 비해 턱없이 적다고 지적한다.

그가 고독사 현장을 통해 알게 된 것은 고독사로 사망한 사람 대부분이 복지 사각지대에 있는 사람이라는 점이다. 그러나 항상 사건이 터지면 복지과에서 똑같은 말만 되풀이하고 있단다. "인원과 예산 부족으로 복지 사각지대에 있는 분들을 파악하지 못하고 있다"는 말이다. 이 말에 대해 권 형사는 이렇게 직역한다. "돈 많은 사람들은 각 자의 돈으로 살아남아라. 우리는 신경 안 쓴다."

사후 비참한 주검으로 발견되는 것을 막고 존엄한 죽음을 맞이하려면 대책이 필요하다고 강조하는 권 형사가 고독사 현장에서 찾아낸 '3다3무'가 있다. 즉, 3多(술병, 외로움, 빈곤) 3無(보호자 친구, 돈, 희망) 문제만 해결되면 어느 정도 예방할 수 있지 않겠는가 하는 것이 그가 현장에서 찾아낸 답이다.

이를 위해 권 형사는 방치된 빈집을 생활공동체형 주거로 수리하여 함께 거주할 수 있도록 조치하고 지원해 주는 방안을 제안한다. 이와 함께 망자들의 존엄한 죽음과 장례를 위해 신탁회사와 생전계약을 통해 사전·사후관리를 할 수 있는 시스템을 제도화하는 방법도 제안했다. 생전(사전)에는 생활요양 간호와 재산관리, 기타 생활 등과 같은 지원을, 사후에는 장례식과 물품

정리부터 전기, 수도, 가스 같은 공공요금 지불이나 정리까지 도맡아 처리해 주는 일을 할 수 있도록 했으면 한다고 말했다.

최근에는 무연고자 장례 시 시신 인수자의 범위도 넓어져 지인들이 치르는 경우도 많아지고 있지만 여기에도 문제가 많다. 무연고자 장례에 따르는 현실적인 비용 문제다. 지인이 대신 장례를 치러 주려면 가족이 포기해야만 시인 인수가 가능한데, 가족을 수소문해서 찾는 데 시간이 걸리고 설령 가족을 찾았다 해도 인수 시 장기 안치료 비용을 청구하면 시인 인수를 포기하는 경우도 발생해 망자는 이리저리 천대받는 신세가 된다.

고독사 문제는 남의 일이 아니다. 21년 기준 1인가구가 전체 30%를 넘는 시대를 살고 있는 현대인들 누구나 겪을 수 있는 사회문제다. 더 이상 부족한 재원과 일손을 탓하지 말고 현장의 목소리에 귀를 기울여 행정에 적극 반영했으면 한다.

2023. 10.

정성스러우면 **통한다**

막히는 자가용도로보다 대중교통 이용을 유도하여 차량의 탄소배출을 줄이고 환경적 이익도 도모하자는 취지에서 보면 버스전용차로제는 긍정적으로 평가된다.

버스전용도로제와 도로다이어트

지역적·지리적 특성으로 인해 도로 사정이 원활하지 못한 부에서는 사시사철, 평일, 휴일을 막 도심 어디서나 심각한 교통체증에 시달린다. 부산시 민선6기 시정 출범 이후 야심 차게 추진해 온 것이 바로 이 같은 고질적인 도로 교통체증 해소를 위해 실시하고 있는 '버스전용차로제' 확대이다.

하지만 새로운 정책의 시행으로 시민들은 당장의 불편을 호소한다. 도심 혼잡한 교통체증에 몸살을 앓아온 시민들은 버스전용차로제가 오히려 교통혼잡을 가중시키고 있다고 말한다. 가뜩이나 길이 막히는데 차로를 줄여 가로수 길로 확장하거나

도로 중앙에 버스전용차로를 만들어 일반차량 소통에 지장을 주고 있다는 게 그 이유다.

그러나 고질적인 교통체증을 해결하기 위해 이웃 많은 국가와 도시들은 버스전용차로제를 실시하고 있다. 심지어 싱가포르 같은 나라는 혼잡교통지역을 관통할 때 도로세를 물도록 하기도 한다. 일본, 덴마크, 러시아, 캐나다, 독일, 호주 등의 나라도 버스전용차로제를 실시해 교통 체증을 해결해 왔고 우리나라에서도 최근 버스전용차로제 실시를 확대해 나가고 있는 지자체가 늘어나고 있다. 여러 국가 도시의 성공적인 행정 선례에서 교통 체증의 해법을 찾아볼 수 있다면 당장의 불편함을 참을 수 있지 않을까 싶다.

문제는 이 같은 정책은 오랜 시간이 지나고 나서야 결국 옳은 선택이었음을 깨닫기 마련이라, 민원이 들끓을 수밖에 없다는 점이다. 하지만 종내는 교통 흐름을 보다 원활하게 하는 데 도움이 된다는 것을 안다면 조금 불편하더라도 참을 수 있게 될 것이다. 더불어 교통 흐름이 보다 원활한 대중교통수단 이용을 확대해 나가게 되고, 교통이 혼잡한 시간대에 자가용 이용률을 줄이는 등 나름의 대책을 강구하는 긍정적 결과를 초래하게 된다.

필자는 지난 2004~5년 김귀순 전 국회여성수석전문위원과 함께 전국여성지방분권네트워크를 설립한 공동 추진자로, 조금은 역설적이지만 교통체증 완화를 위해 오히려 자동차 도로를 축소하는 '도로다이어트운동'과 지구환경을 위한 'BMW운동' 등을 처음으로 주창해 추진한 바 있다. 전국적인 여성 네트워크를 통해 지구적 아젠다로 여성이 주도적으로 참여하는 시빙분권운동과 생태환경운동을 전개하고, 이 같은 의제를 여성의 정치 참여를 통해 실현하자고 외치며 한때 열심히 임했다.

혹자는 도로다이어트를 생뚱맞다고 여길 수도 있다. 가뜩이나 길이 좁고 버스전용도로제까지 만들어 길이 복잡한데 무슨 도로다이어트냐고 반문하겠지만, 실제 미국 뉴욕시의 경우 도로다이어트를 통해 교통사고 예방효과를 입증한 바 있다. 또한 영국 박물관 거리와 같은 성공 사례에서도 볼 수 있듯이 도로다이어트는 교통대란의 주범이 아닌 효율적 도로 운용이며, 도로를 문화의 거리로 탈바꿈해 시민정서 함양에 도움이 되고 오히려 교통량의 분산을 유도해 체증을 막을 수 있다고 교통공학자들은 말한다.

다만 부산처럼 도로가 일직선상에 놓여있고 다양한 대체도로가 많지 않은 상황에서는 진지한 검토가 필요한 것이 사실이다. 그러나 역지사지하여 보면 운전자일 때와 대중교통을 이용할 때의 상황은 달라진다. 그만큼 대중교통은 빨리 소통되고

자가용은 정체를 맞이하게 된다. 결과적으로 막히는 자가용도로보다 대중교통 이용을 유도하여 차량의 탄소배출을 줄이고 환경적 이익도 도모하자는 취지에서 보면 버스전용차로제는 긍정적으로 평가된다.

자동차 이용량을 줄여 대기오염도 줄일 수 있고, 더불어 차량 소통에도 도움이 되니 일석이조인 정책이라는 것이다. 당장은 불편해 보이지만, 지구환경의 지속가능한 미래를 위해 다 함께 불편을 감수하는 범시민적 노력이 불가피하다.

2023. 6.

정성스러우면 통한다

지자체와 시민이 한뜻, 한마음으로 나서 추진한다면
부산시민의 젖줄과도 같은 유용하고 아름다운 진산을
더 이상 훼손 없이 보호·보존할 수 있으리라 본다.
더불어 국립공원으로 지정되면 난개발로 아름다운 자연경관이
훼손되는 일도 막을 수 있을 테니 얼마나 좋은가.

금정산국립공원
꿈을 현실로!

굽이굽이 세월을 짐작할 수 없는 울창한 고송림 계곡을 돌고 돌아 처음 만났던 범어사. 문화재적 가치를 따져보기 전에 눈으로 만나는 고찰의 위용은 가슴 벅찼다. 좌우로 맑은 개울이 온천과 수영을 지나 바다로 내달리는 하늘 첫 길, 아름다운 전설의 금샘을 만날 수 있어 더욱 신비로운 곳. 말로만 듣고 책으로 보다가 실제 아름다운 능선 따라 속살을 파헤쳐 걸으며 눈으로 만났던 금정산은 전설 그 이상이었다.

금정산 고당봉 동쪽 해발 650m에 위치한 '금샘'은 한 마리의 금빛 물고기가 오색구름을 타고 범천에서 내려와 그 속에서 놀았다 하여 붙여진 이름이란다. 이 황금빛의 우물은 가뭄에도

마르지 않는다니 얼마나 신기한가. 최대 51㎝ 정도라 긴긴 가뭄에 바닥을 드러내기 십상이지만 바위 정수리에 언제나 금빛 물이 괴어 있다고 한다.

도심으로 길게 뿌리를 내린 부산의 진산 금정산은, 주봉인 고당봉(801.5m)을 중심으로 북으로 장군봉(727m)과 남으로 상계봉(638m)을 거쳐 성지곡 뒷산인 백양산(642m)까지 길게 이어져 있다. 천 마리의 거북과 만 마리의 자라가 뒤덮고 있다 하여 '천구만별(千龜萬鼈)'이라고 불리는 이 금정산에는 천연기념물 제176호 등나무 군생지를 비롯해 2,300여 종류의 나무와 날짐승, 길짐승을 포함 600여 마리의 동물들이 서식하고 있다. 또한 영남 3대 사찰중 하나인 천녀고찰 범어사(보물 제434호)와 함께 우리나라 최대 규모의 사적 제215호 금정산성(18.8km)을 비롯해 금강공원, 동래온천, 아름다운 산성마을과 습지, 하천 등 명소를 두루 갖추고 있다. 태고의 신비를 고스란히 품고 살아 숨 쉬는 금정산은 관광명소로서 이미 오래전부터 부산시민과 전국의 많은 등산객에게 사랑을 받아왔다.

늦은 감이 있지만 이러한 금정산을 잘 보존하고 후대에 고스란히 물려주기 위해 금정산국립공원 지정을 위한 운동이 전개되고 있다. 금정산은 이미 국립공원으로 지정되기 위한 모든 조건을 고루 갖추고 있다. 자연적, 문화적 가치는 이미 지정된 20여개 국립공원에 결코 뒤지지 않는다. 환경부도 문화경관 측면에서 금정산에 대해 높은 평가를 내린 바 있다. 이처럼 천혜의 자연경관과 문화재, 역사유물 등과 조화롭게 충분히 보존의 가치가 있는 영산이다.

다만, 80%가 넘는 비율을 차지하고 있는 사유지가 문제일 따름이다. 현행 국립공원 지정을 위한 관련법을 보면 자연공원법 시행령 제3조 4항 지형 보존에 있어 각종 산업개발로 경관이 파괴될 우려가 없을 것임을 명시하고 있다. 단지 문제라면 이것뿐이다. 그러나 사유지 74.7%에 달했던 광주 무등산의 국립공원 추진 선례를 참고삼으면 이도 못 할 것은 없다.

지자체와 시민이 한뜻, 한마음으로 나서 추진한다면 부산 시민의 젖줄과도 같은 유용하고 아름다운 진산을 더 이상 훼손 없이 보호·보존할 수 있으리라 본다. 더불어 국립공원으로 지정되면 난개발로 아름다운 자연경관이 훼손되는 일도 막을 수 있을 테니 얼마나 좋은가.

사유지 보상이라는 난제를 해결하고 나면 더 큰 이익이 시와 시민에게로 돌아온다. 경제적 파급효과가 크기 때문이다. 국민적 관심과 국제적 시선 집중으로 지자체의 인지도가 향상되고 관광객이 증가하는 것은 물론, 국립공원으로 지정되면 공원 관리, 탐방시설, 생태복원과 관광객 편의를 위한 국가 예산이 집중 투자되는 등 지속적 관리를 통해 금정산을 한강 이남의 최대 명산으로 만들 수 있다.

　언젠가 지하철에서 만났던 등산 동호인들이 생각난다. 연휴와 주말을 이용해 열차를 타고 부산에 와, 금정산 등반을 하고 돌아가는 길이라던 십여 명의 등산객들이 뒷담을 나누고 있었다. 향후엔 국립공원 지정으로 골마다 봉마다 아름다운 전설을 품고 살아 숨 쉬는 금정산의 스토리텔링을 찾아 세계 방방곡곡의 발걸음이 이어져 관광버스가 쓰나미처럼 밀려오기를 기대한다.

2013. 10.

정성스러우면 통한다

온난화 브레이크 페달을 밟지 않으면 지구상에 생명체가 살아남지 못하는 극한 환경에 처할 수도 있다는 경고를 간과해서는 안 될 일이다.

아열대로 진입하고 있는 대한민국

"지구 온난화의 시대는 끝났다. 이제는 '지구 열대화'의 시대다." '지옥행 고속도로에서 가속 페달을 밟고 있는 것과 같다'고 경고한 안토니우 구테흐스 유엔 사무총장이 현지시간 기준 7월 27일 기록상 가장 '뜨거운 달'이 됐다며 이같이 선언했다. 세계기상기구(WMO)와 유럽연합(EU) 기후변화 감시기구 또한 인류가 가장 더운 시기를 겪고 있다고 밝혔다.

산업과 문명의 발달은 인간세상을 편리하게 하는 이면에 또 다른 불편을 초래하고 있다. 지구촌 곳곳에서 홍수, 폭염, 산불, 지진 등 재앙에 가까운 자연재해로 무고한 인명이 목숨을 잃고 삶의 터전이 송두리째 무너지는 참사를 겪는다. 불과 수십 년 전과는 비교할 수 없을 정도로 기후변화가 심각하다.

독일 하르츠산맥 쉬에르케 마을의 산은 기후변화로 나무좀의 서식지가 확산되면서 2018년 이후 산림 50만㏊가 하얗게 변해 고사했다. 우리나라에서도 최근 4년간 제주도 구상나무 1만 2,957그루가 해충 등으로 집단 고사한 데 이어 올해는 국내 사례가 전무했던 잎녹병까지 발견됐다고 한다. 해외 곳곳에서 산불도 잇따르고 있다. 그리스 휴양지인 로도스 섬과 에비아 섬은 연일 산불이 퍼져나가고, 시칠리아를 비롯한 이탈리아 남부도 산불 피해가 심각하다는 외신도 전해진다.

기후학자들은 최근 미국 등 남유럽의 산불이나 폭염은 기후변화로 인한 것이며 이러한 폭염이 2~5년마다 일어날 수 있음을 경고한다. 세계기상기구는 아시아의 온난화 속도가 너무 빠르다는 보고서를 내놓았다. 실제 1991년부터 최근 30년간 아시아 온난화 추세가 그 직전 30년의 2배에 이른다며 평균기온은 이전 30년보다 1.68도쯤 높아졌다고 우려한다. 지구촌 곳곳에서 발생하고 있는 수해와 가뭄이 빈발하고 있는 것도 기후변화로 이로 인한 것이라며 대응을 촉구한다.

최근 연이은 이상 고온에 몸살을 앓고 있는 미국에서는 한 달 넘게 폭염이 이어지면서 사망자가 속출하고, 미 전역 27개 주

1억 2천만 명이 고온권 영향권에서 기후에 시달리자 연방 정부 차원의 폭염 위험 경보 조치를 발령했다. 바이든 대통령은 노동부 차원에서 건설과 농업 등 이상 고온의 영향에 직접적으로 노출되는 사업장을 선정, 안전 규칙을 만들 것도 지시하기도 했다. 또한 10억 달러 이상을 들여 도심과 거주지에 조림 작업을 진행, 장기적으로 고온을 줄이고 녹지를 조성하도록 조처했다.

바다, 강, 산으로 둘러싸인 부산은 타 지역보다 평균기온이 낮아 피서지로 각광받고 있으나 올해에는 장마가 끝난 이후 한낮 기온이 평균 36~37도씨를 넘는 날이 계속될 정도였다. 우리나라도 점점 아열대 기후로 바뀌어가고 있다. 기후학자들은 머잖아 대한민국도 사계절을 보기 어려울 것이라고 전망한다. 부산은 긴 여름에 고작 한 달 정도의 겨울이 될 가능성도 있다.

일개 개인과 한 나라 차원의 대응이 아닌, 전 인류와 국가의 공동 대응과 노력이 필요한 시점이다. 온난화 브레이크 페달을 밟지 않으면 지구상에 생명체가 살아남지 못하는 극한 환경에 처할 수도 있다는 경고를 간과해서는 안 될 일이다.

각 지자체도 탄소중립도시 실현을 위한 실천적 노력을 단순 권고에서 머물게 아니라 강제적 이행 조치 수준으로 강화하는 제도적 방침 마련이 절실하다.

2023. 9.

정성스러우면 통한다

별난 영양제를 뿌리지 않아도 잘 자라는 콩나물처럼 우리 교육도 사교육에 많은 돈을 갖다 뿌리지 않고도 아이들이 잘만 커가는 교육이 되었으면 좋겠다.

교육이
뭐길래

'달라진 입시제도와 학부모 설명회'

구청에서, 또는 교육청이나 학교에서 가끔 날아오는 안내 문자를 읽으며 '이번엔 시간을 내리라' 마음을 먹지만 한 번도 제대로 참석해 본 적이 없는 것 같다.

굳이 교육의 기본 역할을 분담한다면 가정에서는 인성을 위한 자녀교육, 학교에서는 지성을 위한 지식교육을 해야 한다고 생각하는 한 사람이기 때문만은 아니다. 일종의 바쁜 엄마의 구차한 변명인지 모르겠지만 교육 현장에서 인성 부분도 무던히 신경을 쓰고 있기에 요즘은 의식주 해결을 제외하고 교육에 관련한 모든 것을 몽땅 학교에 믿고 맡기는 부모다.

특목고나 수도권의 일류 대학을 보내기 위해 고액 과외에다 진학지도에 열성인 열렬 학부모들과 비교해 볼 때, 자녀에게 해주는 게 너무도 없는 간 큰 부모이기도 하다.

필자가 실업계, 즉 전문계 고교에 대해 무시했을 때다. 중3 아이가 실업계고로 진학하고 싶다고 말했을 때 일언지하에 반대를 했었다. 부모 세대의 편견과 선입견이 작용했을까. 아이의 적성이나 꿈과는 무관하게 무조건 안 된다고만 생각했고, 꼴찌를 해도 인문계고교에 가야 한다고 생각했다. 일반계고에서도 충분히 예체능의 적성을 살릴 수 있다고 생각, 방과 후 자율학습 시간에 미술 공부를 시키며 내신과 특기를 십분 살리기를 바랐다.

그러나 결국 아이는 고등학교 1학년을 다 채우지도 못하고 실업계 전학을 요구했다. 그래도 관철되지 않자 불안감이 증폭되는 쪽지를 남기곤 1일 가출을 시도 했다. 한번 혼쭐이 난 후 뒤늦게야 부모의 편협된 사고로 진로 결정이 잘못되었음을 자각했다.

그리고 나니 새삼 어른들이 만들어 놓은 제도와 사회적 틀 아래 아이들이 획일화된 교육 속에 사육되고 있다는 생각이 들었다. 청소년기 내내 일류 대학을 목표로 하루 종일 책걸상과 씨름하며 균형있는 성장을 하지 못하는 아이들이 한편으로는 측은하다.

언제부턴가 학벌 중심의 사회 분위기를 타파하기 위해 정부와 기업들도 많은 노력을 기울이고 있지만, 현실사회는 여전히 스펙을 따지고 있다. '백년지대계'를 세우는 교육 관련 부처에서도 '혁신학교'를 지원하며 인성과 창의력 중심의 교육을 지향하도록 권장하고 있으나 아직은 일부에 지나지 않는다.

날마다 학교 가는 길이 즐겁고 신명 나는 발걸음이 되게 할 수 없을까. 새로운 것을 배우고 알아갈 때마다 더 큰 호기심이 생기고 배움이 즐거워지는 교육. 선행학습 없이도 진도를 따라갈 수 있는 교육환경, 취미와 적성을 살려 진로를 스스로 찾아갈 수 있게끔 안내하는 교육과정이 아쉽기만 하다.

아이들을 교육하는 것은 콩나물시루에 물을 주는 것과도 같다고 한다. 물이 다 흘러내리는 줄만 알았고 헛수고를 하는 줄로만 알았는데, 매일 거르지 않고 물을 주면 콩나물처럼 무럭무럭 자란다는 것이다. 눈에 띄지 않지만 알게 모르게 교육 속에서 성장해 가는 아이들, 별난 영양제를 뿌리지 않아도 잘 자라는 콩나물처럼 우리 교육도 사교육에 많은 돈을 갖다 뿌리지 않고도 아이들이 잘만 커가는 교육이 되었으면 좋겠다.

그렇게만 된다면 내 아이만 뒤처질 것 같고 학교 교육만으로는 불안하여, 더 좋은 학원을 전전하고 유능한 과외선생을 바꾸어 가며 쓸데없는 고민과 걱정을 덤으로 안고 살아가는 워킹맘의 부담감을 털어내려나.

2014. 3.

정성스러우면 통한다

부자들의 성공 습관을 반만 따라 해도 좋다는 누군가의 말처럼 기분에 취해 주머니를 쉽게 여는 그런 약지 못한 쑥맥이 아닌 꼭 써야 할 곳만 쓸 줄 아는 지혜로운 습관을 생활화해야겠다는 다짐을 해본다.

과소비하면 쫓겨나는 오픈채팅 거지방

과소비를 줄이고 알뜰하게 돈을 모으는 방법을 공유하고 서로의 부적절한 소비를 핀잔하는 신종 재테크 부자 되기 자극을 추동하는 오픈 채팅 각종 '거지방'이 활개를 치고 있다. 아니, 붐업이다.

채팅방을 운영하는 사람에 따라 여성 전용, 20대 이상 전용, 거지들의 소비실태 고발방, 거르주아 거지방, 오리지널 거지방, 진짜 거지방… 등 방의 이름도 가지가지. 그 지출이 합당한지 꾸짖어 주고 당사자는 자극을 받아 반성하며 지출을 줄이는 형태의, 일종의 동기부여 채팅방이다.

"오늘 배고파서 집으로 오다가 떡볶이 2천 원어치 질렀어요."

누군가 글을 올리면 핀잔의 댓글이 요동을 친다.

"에구, 저런 미쳤어요? 집에 와서 냉동고 뒤져보면 명절 떡국떡 남아있는 거 찾아 해 먹어도 되는데… 정신차려욧!"

"천 원어치만 먹지 맛만 보고 집에 와서 밥 먹고…."

"티끌 모아 태산… 그렇게 거금을 지르다니요."

정말 몇 푼 안 되는 소비에도 멤버들의 꾸지람은 정신을 못 차리게 한다. 다시는 군것질 따위는 하지 말아야 하는 각오로 다지면서 느슨해지는 소비 마인드를 추스르게 해준다.

"갑자기 수입이 줄어들어서 아껴보고자 들어왔어요."

타인으로부터 도전받고 자극을 받기 위해서 또는 월 지출액이 얼마나 되는지 체킹하고 소비를 줄여나가는 형태인데, 매일 오전 정해진 시간에 전날이나 당일 오전 지출한 금액을 합산하여 닉네임 옆에 업데이트 해주는 방식으로 채팅방은 운영된다. 아낄 수 없는 고정지출은 예외다. 고정지출 외에 뭔가 쓰고 싶은 것은 반드시 톡에 공유해야 한다. 월 소비금액은 방장에 따라 정한 금액이 다르다. 아주 짠테크를 위해 어떤 방장은 월 50만 원을 개인적 소비금액의 한계로 지정하고 월 소비금액 초과 시 경고 1회, 총 3회이면 강퇴를 당한다. 무 지출일 때는 무 지출이라고 방에 남겨주면 된다. 지출 시 사진인증은 필수. 이렇게 상세 목록을 숙지한 후에 채팅방을 이용해야 어리둥절하지 않다.

이용자는 10대 20대, 30대 등 주로 젊은 층의 사람들이 많다. '욜로족' 등장 이후 급격히 확산된 '잘 먹고 잘 살자주의'의 세대들은 오늘을 미래보다 더 중요하게 여긴다. 그래서 버는 족족, 돈이 생기는 족족, 하고싶은 건 다 하고 사는 사람들이 많다. 저축이 미덕이던 기성세대들과는 확연히 다르다. 젊을 때 고생하고 더 많은 세상 경험을 하고 누리고 즐기는 게 오히려 미덕인 세대들임에도 계속된 경기 부진과 고물가시대를 살면서 불필요한 소비를 줄이고 현명하게 살자는 취지의 거지방이 인기다. 건전한 변화인지는 아직 모를 일이나, 젊은이들이 자숙을 하면서 돈을 모으기 위해 서로 동기부여를 해 주며 힘이 되고자 하는 게 본 취지인 바, 비교적 건전한 뉴트렌드로 보인다.

개인적으로 나 역시 있으면 있는 대로 쓰는 소비주의자다. 내일을 위해 오늘을 굶자는 주의가 아니라 내일 일은 내일에 맡기고 오늘을 최고의 날로 삼고 살고 싶은 사람 중의 하나다. 언제 죽을지도 모르는 게 인생인데 알뜰살뜰 아끼고 피땀 흘려 모아 두 다리 관절이 시원치 않을 때 부자가 되어봐야 무슨 소용인가. 한 살이라도 젊을 때 곳곳을 여행 다니며 견문을 넓히고 산 경험을 하는 게 더 유익하지 않을까.

그럼에도 불구하고 불필요한 지출을 밥 먹듯 하고 있는 스스로를 돌아볼 때가 있다. 부자들의 성공 습관을 반만 따라 해도 좋다는 누군가의 말처럼 기분에 취해 주머니를 쉽게 여는 그런 약지 못한 쑥맥이 아닌 꼭 써야 할 곳만 쓸 줄 아는 지혜로운 습관을 생활화해야겠다는 다짐을 해본다.

오늘은 통행비 없는 길을 운전해서 다녔고 밥값 지출을 1원도 안 했으니 내일은 거지방에서 지출 '0'으로 칭찬을 받을 것 같다. 이름도 나이도 모르는 누군가에게서 쏟아지는 격려 세례. 과연 50만 원으로 살아갈 수 있을까? 오늘부터 카운트다운이다.

2023. 9.

정성스러우면 통한다

위드 코로나의 시대 신3고와 함께 닥친 겨울이 비록 우리의 삶을 팍팍하게 할지라도 가슴 속 따뜻한 사랑만은 식지 않기를 바란다. 이웃을 향한, 나라에 대한, 존재하는 모든 생명에 대한….

세모(歲暮) 단상

열흘 한파가 전국을 강타하고 있다. 강원도 일부 지역은 영하 20도가 넘을 정도로 강추위가 계속되고 있다. 날씨만큼 사회도 꽁꽁 얼어붙었다. 이른바 고물가, 고금리, 고환율 3고의 시대, 기업도 샐러리맨도 부자도 서민도 하나같이 힘들다고 아우성이다.

연말연시면 따뜻한 후원의 손길도 넘쳐나 여기저기 미담이 쏟아지던 것도 이제 예전. 3고와 함께 몇 해째 계속되고 있는 경기 부진이 일상을 위협하고, 삶의 위축은 남을 돌아볼 여유마저 앗아가고 있다.

그나마 '노블레스 오블리주' 정신으로 우리 사회에 적잖이 기여해 온 기업들마저 원자잿값 상승에 따른 물가 인상과 기준금리 상승으로 대출이자마저 껑충 뛰어오르고, 환율이 올라 수입하는 데 비용도 더 들어가니 심리적으로 위축될 테다. 당장 일상에서 어려움을 겪고 있는 서민들도 매한가지다. 대출 이자율 상승에, 좀처럼 내려오지 않는 기름값에, 야금야금 생필품값도 올라 힘든 시절을 나고 있다.

이렇게 힘든 시기에 지구의 어느 한쪽에선 난폭한 총성이 여전하고, 이 시간에도 많은 생명이 죽어 나가고 있다. 얼마 전 우크라이나 현지 여성실내악단이 한국을 방문해 부산을 비롯해 전국을 돌며 순회공연을 가졌다. 불과 얼마 전까지만 해도 같이 연주하던 동료가 출근길에 총을 맞아 유명을 달리하고 또 어떤 단원은 전쟁터로 나가 싸우다 전사하기도 한, 전쟁의 참상을 전하며 평화기원 콘서트를 가졌다. 이들은 평소 우애를 다져온 부산여성실내악단 김영근 지휘자의 안내로 전국 순회 연주회를 열고 지구촌의 전쟁 종식과 그보다 먼저 '우크라이나에 평화'를 염원하며 짠한 여운을 남겼다.

연주가 끝나고 마지막 피날레로 참석한 연주자들이 함께 나와 우크라이나 국기를 들고 몇 초간 엄숙한 퍼포먼스를 갖기도 했다. 참석자 모두의 눈시울이 붉어졌다. 당장 이들은 신3고

보다 더 무서운 게 전쟁임을 알렸다.

다시 우리의 내부를 들여다보자. 정부의 초강력 대응으로 다행히 16일 만에 종식되긴 했지만, 화물연대의 노조 파업은 엄청난 국가적 손실을 초래했다. 현실을 바로 읽지 못한 어리석은 투쟁 끝은 결국 얻은 건 없고 노조도 국가도 모두 손실만 가져오는 데 그쳤다.

정치권은 또 어떤가. 어느 하나 도출되는 상생 협안은 없고 안건마다 마찰과 분쟁이다. 끝간 데 없는 정쟁으로 국민은 안중에 없다. 투쟁, 전쟁, 분쟁, 정쟁…. 싸움의 뒤끝 피해자는 언제나 선량한 국민이다.

힘겨운 노동 현장의 노동자들은 법의 보호를 받아야 하는 건 마땅하고 권익 또한 보장받아야 한다. 그러나 무엇이든 지나치면 화가 되기 마련이다. 불교에서는 '탐진치'가 모든 고통의 원인이라 하지 않았는가. 더 어려운 처지의 노동자들에게 귀족노조들의 집단행동은 욕심과 이기로 비칠 수도 있었음이다.

무엇보다 시기적으로 안팎의 상황이 어려운 때 사회적 거대한 들불을 지핀 그들의 집단행동은 국민적 공감을 사기도 어려웠다.

세밑 세모 너나 할 것 없이 힘든 겨울을 나고 있다. 위드 코로나의 시대 신3고와 함께 닥친 겨울이 비록 우리의 삶을 팍팍하게 할지라도 가슴 속 따뜻한 사랑만은 식지 않기를 바란다. 이웃을 향한, 나라에 대한, 존재하는 모든 생명에 대한….

2022. 12. 23.

에필로그

번갯불에 콩 볶듯이 너무도 바쁘게 살아왔다.
수하에 여럿 거느리고 여유를 부리고 사는 건 내게 사치다.
습관이 된 1인 다역은 이제 이골이 나서
웬만한 일이 한꺼번에 몰려도 결국은 해내고야 만다.
사람이 지닌 잠재성과 초인적 에너지를 믿기에
불가능은 없다고 믿고 있다. 그 에너지의 일부를 끄집어내
이번에도 단 2~3주 만에 서둘러 마감하다 보니
놓친 부분이 많아 아쉬운 감이 크다.
바쁘다고 내내 미루다가 임박해서야 속도를 내다보니
스스로도 흡족치 못하다.

세상 돌아가는 모습을 보며 때로는 개탄하고
때로는 공감하며 분노하고 감동하고 늘 희비가 공존하는
세상 이야기를 지극히 개인적인 시선에서 궁싯거렸다.
생각의 차이가 있을 수 있다. 답이 아니라 의견에 불과하다.
지면 관계상 모든 생각들을 다 담아 내지는 못했지만
잠깐이나마 늘어놓은 글 속에서 저자의 내면세계와
세상을 향한 따뜻한 시선, 그리고 올곧음을 지향하는 진심을
조금이라도 이해하는 데 도움이 되었으면 한다.

2023. 11.

대한민국, 오늘도 안녕하십니까

유순희

걸어온 길

- 경북대학교 대학원 신문방송학 석사 졸업
- 부산여성신문 대표이사 발행인
- 2030부산세계박람회 유치 범여성추진협의회 공동대표
- 부산광역시양성평등위원회 위원
- 부산광역시일생활균형지원센터 자문위원
- (재)일생활균형재단 운영위원
- (사)부산여해재단 이사
- (사)부산대첩기념사업회 이사
- 부산동구새마을회 이사
- 민주평화통일자문회의 부산동구협의회 자문위원
- 부산광역시체육회 운영위원회 부위원장
- BCM부산컨텐츠마켓 조직위원
- 남해지방해양경찰청 자문위원
- 한국주택금융공사 명예홍보대사
- 인구보건복지협회부산지회 운영위원
- (사)문화복지 공감 법인 이사
- 자유헌정포럼 대변인, 상임이사
- 국제통상전략연구원 자문위원
- 건강한 부울경지키기범시민단체연합회 고문
- (사)부산국제합창제 이사
- 대한민국유권자총연맹 자문위원
- 부산원북원 운영위원
- 사상구역사문화도시조성연구회 자문위원
- 사상구여성친화도시협의회 위원
- 사상구여성인력개발센터 운영위원
- 동래여성인력개발센터 운영위원
- 기간지 부산대첩 편집인

- 제38대 부산광역시장 공약자문평가단 위원(전)
- 부산광역시아동복지심의위원회 위원(전)
- 부산광역시남북교류협력위원회 위원(전)
- 부산광역시 미래전략실 비전추진단 추진위원(전)
- 부산여성총연대 상임공동대표(전)
- (사)한국여성의정 부산정치학교 운영위원장역임(현 운영위원)
- 한국여성의정 인물사 집필위원(3, 4권)
- 통일부 통일교육전문위원(전)
- 대통령직속사회통합위원회 부산지역위원(전)
- 부산지방병무청 정책자문위원(전)
- 부울경정치아카데미 총동문회 부회장(전)
- (재)부산여성가족개발원 자문위원장(전)
- 부산여성가족개발원 경영혁신위원(전)
- 부산혁신포럼 공동대표(전)
- KNN시청자위원회 위원(전)
- 국제신문 옴부즈맨 칼럼위원(전)
- 부산출입국사무소 사회통합위원(전)
- 국민권익위 청렴코리아 청렴정책위원(전)
- 한국주택금융공사HF혁신국민참여단 위원(전)
- 한국여성과학기술인회 동남권역WISET자문위원 역임
- 경성대 산학협력단 인문사회과학브랜드강화사업연구원 역임
- 글로벌여성리더포럼 창립 운영위원
- 동주여중운영위원장 역임
- 사남초 학부모회장, 운영위원장 역임
- 인구보건복지협회 홍보자문 역임
- 북구여성친화도시 협력 위원(전)
- 사하구 건강가정지원센터 운영위원, 인사위원(전)
- 사하구평생학습도시위원회 위원(전)
- 금정산국립공원시민추진본부 이사
- 21대 국회의원선거 미래통합당 부산공동선대위원장
- 20대 대통령선거 국민의힘 윤석열 후보 부산공동선대위원장
- 6.1지방선거 국민의힘 박형준시장후보 여성총괄본부 상임본부장
- 20대대선 국민의힘 선대조직본부 정권교체 필승결의단 정책자문
- 20대대선 공명선거국민연합 부산지부 운영위원 및 대변인
- 20대대선 중앙선대본부 국민통합위 부산여성위원장

유순희 생각집
**대한민국,
오늘도 안녕하십니까?**

유순희 지음

초판 1쇄 2023년 12월 1일

펴낸이 박미화 | **펴낸곳** 미디어줌
등록 2011년 11월 18일 제 338-251002009000003호
주소 (48314) 부산광역시 수영구 수영로 440
전화 051-623-1906 | 팩스 051-623-1907 | 편집실 070-4012-6063
홈페이지 www.mediazoom.co.kr | 전자우편 mediazoom@naver.com
편집 책임 안서현 | 디자인 책임 곽소록
총괄 감리 박수정

ISBN 978-89-94489-72-8 (03070)

이 책은 저작권법에 따라 보호받는 저작물이므로 무단전재와 무단복제를 금하며,
이 책 내용의 전부 또는 일부를 이용하려면
반드시 저작권자와 도서출판 미디어줌의 서면 동의를 받아야 합니다.
책값은 뒤표지에 있습니다.
파본이나 잘못 만들어진 책은 구입하신 곳에서 교환해 드립니다.

도서출판 미디어줌은 기록물편찬전문회사 **mediazoom**의 출판 브랜드입니다.